El siglo de las mujeres

Al amigo Luis
de quién tenemos
mucho que
aprender

EViFB

[firma manuscrita]

Victoria Camps

El siglo de las mujeres

TERCERA EDICIÓN

EDICIONES CÁTEDRA
UNIVERSITAT DE VALÈNCIA
INSTITUTO DE LA MUJER

Feminismos

Consejo asesor:

Giulia Colaizzi: Universitat de València
María Teresa Gallego: Universidad Autónoma de Madrid
Isabel Martínez Benlloch: Universitat de València
Mary Nash: Universidad Central de Barcelona
Verena Stolcke: Universidad Autónoma de Barcelona
Amelia Valcárcel: Universidad de Oviedo
Instituto de la Mujer

Dirección y coordinación: Isabel Morant Deusa: Universitat de València

Diseño de cubierta: Carlos Pérez-Bermúdez

Ilustración de cubierta: Remedios Varo, *La llamada*, 1961. Colección particular.
© Remedios Varo. VEGAP, Madrid, 1998

© Victoria Camps
Ediciones Cátedra (Grupo Anaya, S. A.), 2000
Juan Ignacio Luca de Tena, 15. 28027 Madrid
Depósito legal: M. 7.797-2000
ISBN: 84-376-1618-2
Printed in Spain
Impreso en Anzos, S. L.
Fuenlabrada (Madrid)

Para M.ª Pilar y M.ª Carmen

Prólogo

El siglo XXI será el siglo de las mujeres. Ya nadie detiene el movimiento que ha constituido la mayor revolución del siglo que ahora acaba. La paridad entre el hombre y la mujer es una realidad en muchos ámbitos. Hay tantas universitarias como universitarios. Las jóvenes no buscan un título por distraerse o hacer algo, sino porque quieren usarlo. En estos momentos, la igualdad conseguida es bastante satisfactoria, pero no del todo. Aún hay obstáculos para una igualdad aceptable, de los cuales creo que deben destacarse dos: 1) en la vida privada se sigue discriminando a la mujer y se mantiene una división del trabajo muy tradicional, con pocos cambios; 2) el acceso de la mujer a cargos y puestos de mayor responsabilidad avanza con excesiva lentitud. El problema está, pues, en el nivel más bajo y en el nivel más alto.

Este libro es una reflexión sobre ambos obstáculos, las causas y razones de que sigan ahí y, sobre todo, las maneras de superarlos. ¿Cómo será, cómo debería ser el feminismo que viene? No podemos quedarnos en las mismas vindicaciones de hace casi un siglo. Hay que darle un giro al discurso feminista, introducir más diversidad en él y señalar las áreas en que debería ser más combativo. Hace un par de años di una conferencia en la Royal Society de Londres sobre la evolución de la mujer en la sociedad española. En ella

9

me refería a la rápida transformación de la situación de las mujeres en España, paralela, como es lógico, a la transformación política democrática. Tras hacer una sucinta exposición del estado de la cuestión actual, señalaba cuatro ámbitos que —sigo pensando— deberían ser los objetivos del nuevo feminismo: la educación, el empleo, la política y los valores éticos.

Educación no significa sólo escuela mixta, sino una educación que tienda efectivamente a la igualdad de oportunidades. Por otra parte, no debería ser tan complicado eliminar los vestigios sexistas de la educación, la cual ha estado casi siempre en manos de mujeres. Sin embargo, lo es. Lo es porque más difícil que cambiar las leyes es cambiar las mentalidades y las actitudes que se reproducen con todas las inercias y vicios del pasado sin que nos demos cuenta. La televisión y el consumo —la publicidad— no ayudan en absoluto a romper viejos esquemas y modelos que denunciamos como caducos. Por eso hay que aplicarse a subsanar los defectos de una educación que aún no es de verdad para todos, y a corregir las coyunturas que desvirtúan las mejores intenciones de la educación.

Otro ámbito es el del trabajo. La mujer ha entendido que su liberación pasaba por trabajar fuera de casa y equipararse al varón en cobrar por su trabajo. El estado de bienestar la ha ayudado en esa empresa, pero sólo a medias. La crisis del mercado laboral puede ser un impedimento insalvable para la ocupación de la mujer si ésta no toma de algún modo las riendas del asunto y sale al encuentro de la crisis por donde más pueda favorecerla. No es imposible hacerlo, pues lo que está cambiando es la misma concepción del trabajo, en un sentido más acorde con lo que ha sido la forma femenina de trabajo que con la masculina. No es imposible que la reorientación del trabajo, que está en puertas, vaya en beneficio de las mujeres, pero tampoco es imposible que las perjudique. En cualquier caso y para evitar que ocurra lo segundo, lo que hay que hacer es no distraerse y actuar.

El tercer ámbito en el que hay que empeñarse es el de la política como metáfora de la toma de decisiones. La exigencia de una democracia paritaria, con igual participación de mujeres que de hombres es la reivindicación que predomina en el feminismo actual. Restringir esa ambición a la política propiamente dicha es darle una importancia que ni tiene ni merece. Las decisiones que importan y cuentan —las mínimas decisiones que pueden tomarse a nivel nacional en la época del pensamiento único— no son sólo las políticas. En la política, pero también en los órganos directivos de cualquiera de los demás poderes económicos y sociales, la presencia de mujeres tiene que dejar de ser una rareza.

Finalmente, en el discurso moral, hoy tan solicitado porque da la impresión de que es la única ideología presentable que nos queda, la mujer tiene cosas que decir, precisamente como mujer. Estamos bastante de acuerdo en que tanto la vida pública como la privada necesitan contravalores que detengan la presencia absoluta de los valores económicos y consumistas. El mantenimiento del estado de bienestar no tiene más remedio que contar con la ayuda que, hasta ahora, han venido prestándole las mujeres en sus casas cuidando a sus hijos, a sus ancianos o a sus enfermos. Pero ya no puede encargarles ese servicio exclusivamente a ellas. Tampoco puede prescindir de los valores que las mujeres han desplegado y dispensado gratuitamente para atender y cuidar a la familia, a los niños y a los ancianos. Todo necesita ser reordenado y redistribuido sin que ello signifique echar por la borda formas de vida y costumbres que merecen ser conservadas.

Estos cuatro ámbitos de acción van apareciendo a lo largo de los capítulos de este libro. No son los ámbitos típicos del feminismo, pero ahí está la gracia de lo que digamos en el futuro. El acceso masivo de las mujeres a la vida pública no debe mantenerlas atadas a unos asuntos y a unos temas que, aparentemente, sólo les interesan a ellas. En este fin de siglo, el feminismo ha de experimentar un vuelco decisivo que preludie, finalmente, su propia extinción. Pues no hay mejor prueba de haber ganado una causa que librarse del fastidio de tener que hablar de ella porque ya no es necesario hacerlo. El vuelco al que me refiero ha de saber evitar,

11

por una parte, ese «espíritu de cuerpo» que sólo consigue limitar el discurso a una cantinela de sobra conocida: el «nosotras las mujeres» debería desaparecer de la boca de las feministas. Por otra parte, las mujeres deben saber aprovechar la credibilidad que les otorga la novedad de su acceso a lo público. Si es cierto que muchos hombres, en especial los ya entrados en años, las contemplan con un temor y temblor que vislumbra consecuencias claramente desfavorables para ellos, también lo es que en el clima que nos rodea, de desprestigios y descalificaciones incesantes, los cambios y novedades son un aire fresco bien recibido. Ése es un capital que hay que utilizar con inteligencia y buen sentido.

Debiera dar las gracias a todas las filósofas y pensadoras en general que me han aportado ideas porque han sido pioneras en esta guerra. Yo no lo he sido, lo reconozco: mi acercamiento al feminismo siempre fue tímido y un poco lateral. Por eso mi deuda es mayor, y lo es, en especial, con mi discrepante y, sin embargo, muy buena amiga, Amelia Valcárcel. A su insistencia hasta convencerme para poner en limpio estas páginas se debe que sean publicadas en un libro.

Sant Cugat del Vallès (Barcelona), verano de 1997

I

Dos propuestas para el siglo XXI

El feminismo anda en busca de ideas nuevas. Como tantos discursos de nuestro tiempo, el de las mujeres está desorientado y aburrido. Necesita un cambio de registro.

No cabe duda de que el feminismo es el movimiento social del siglo XX, con resultados indiscutiblemente positivos. Está ciego —o ciega— quien se atreva a negarlo. La *igualdad formal* de hombres y mujeres se ha conseguido en las sociedades occidentales avanzadas. Nadie, con un mínimo de lucidez y de sentido común, se atreve a decir hoy —como lo dijeron notables filósofos y pensadores de todos los tiempos— que la mujer es inferior al hombre. Jurídicamente, la igualdad de la mujer ha avanzado un trecho importante.

Pero también es indiscutible que la igualdad conseguida es insuficiente. Han cambiado las leyes, pero no cambian las costumbres. O cambian tan lentamente que no lo apreciamos. Estamos lejos de esa igualdad paritaria que sería lo razonable en una democracia. Tres son básicamente los aspectos que muestran todavía la existencia de una injusta desigualdad.

1. La mujer liberada —sobre todo la liberada— sigue cargando con la inferioridad de su género en la vida doméstica: la doble jornada, las labores propias de su sexo, el cuidado de los hijos, de los ancianos o de los enfermos. Se

siente culpable si descuida lo que siempre fueron sus obligaciones exclusivas. El superego no la abandona. La mujer liberada ha resultado serlo sólo de puertas afuera. Dentro de casa, no consigue librarse de la desilusión y el agobio. Algunas mujeres han decidido ser hombres, imitarlos en todo: descuidan la casa, no cocinan, no van a la compra, no se ocupan del marido más de lo que éste se ocupa de ellas, renuncian a tener hijos. Son sólo profesionales, buenas profesionales. Mujeres que han hecho suya la cultura masculina y se olvidan de que son mujeres. Pero éstas son una minoría. La mayoría de mujeres lo que hace es cargar con su doble condición de mujer y profesional liberada de obligaciones menos nobles. Aguanta ambos roles con una mezcla de esperanza y mal humor. Esperanza porque algo ha conseguido y hay un horizonte por conquistar más al alcance de la mano. Mal humor, sin embargo, porque el día a día es muy duro y más bien hostil.

2. La constatación de que la igualdad es aún muy insatisfactoria nos lleva a la conclusión de que la auténtica *igualdad de oportunidades* no existe. Formalmente ahí está: las profesiones, los puestos de trabajo, los cargos de responsabilidad están a disposición de todos, hombres y mujeres. Como poder, cualquier mujer *puede* ser directora de un periódico, jefa de un hospital, rectora de universidad, secretaria de un partido político, incluso primera ministra. Algunas han llegado a serlo. Ésa es la teoría. Pero la práctica es otra cosa. En ella, a las mujeres les cuesta llegar arriba y encuentran obstáculos de todo tipo para alcanzar una posición destacada.

Hay por lo menos dos razones que explican esta circunstancia. Una, la más evidente, es que el hombre se defiende como puede para no perder protagonismo. No lo hace abiertamente. Me atrevo a decir que ni siquiera lo hace muy a conciencia. Es la costumbre de siglos la que lleva por sí sola a no pensar en las mujeres cuando hay que nombrar cargos, hacer listas electorales, contratar directivos.

La segunda razón —menos evidente y quizá no aceptada por todas las mujeres— es la resistencia de ellas mismas a sacrificar determinados valores. La maternidad, el cuidado de la familia, es uno de ellos, sin duda el más importante. La mujer no quiere renunciar a nada, no quiere renunciar a lo que ha sido ni a lo que puede llegar a ser. No quiere pagar por su emancipación el coste de echar por la borda una «cultura femenina» que, si es posible librarla de la subordinación intrínseca que padece, es legítima y valiosa para todos.

A ambas razones hay que añadir ahora otra que deriva de ellas. La escasez de puestos de trabajo castiga mayormente a las mujeres. No exactamente porque son mujeres —precisamente los puestos de trabajo del inmediato futuro son del sector servicios, que es tradicionalmente femenino—, sino porque las tareas que ancestralmente les corresponden son una dificultad añadida a la incorporación a un mercado de trabajo que cada vez es más inaccesible. Consecuencia general de esta desigualdad de oportunidades es la escasa participación de las mujeres en los órganos de toma de decisión. La Declaración de Atenas de 1992 insistió sobre todo en el objetivo de la paridad, pues es evidente que, mientras no la haya, seguirá sin resolverse el acceso de las mujeres a los puestos de mayor responsabilidad.

3. La violencia sexual sigue siendo una constante que afecta a las mujeres y que no mejora con los años. Las violaciones, los acosos sexuales, los malos tratos muestran que, de hecho, la mujer sigue siendo vista más como objeto que como sujeto, más como un medio que como un fin en sí. Incluso aquellas decisiones que mayormente incumben a las mujeres, como la legislación del aborto, las toma una mayoría de hombres.

La situación descrita no es buena para nadie. No sólo no lo es para las mujeres. No lo es tampoco para el conjunto de la sociedad. Es una situación que puede producir retrocesos. Es improbable, pero no imposible, llegar a la conclusión de que el movimiento feminista ha fracasado y que lo conveniente es volver al antiguo reparto de papeles, más cómodo y más simple. Un peligro fácilmente manipulable por quienes se sienten alarmados e impotentes ante la disminución de la natalidad, la crisis del estado de bienestar o la crisis del mercado laboral. Un retroceso que incluso puede disfrazarse de formas nostálgicas atractivas: regreso a lo natural, a lo antiguo, a lo de toda la vida. Ya se ha vuelto a amamantar a los hijos, a parirlos con dolor, la ropa de algodón se ha puesto de moda y la arruga ya no parece tan bella, hay que plancharla. Algunas jóvenes cuyas madres trataron de huir de «sus labores», pueden sentirse atraídas —con la atracción de lo desconocido o «prohibido»— hacia la vida de sus bisabuelas.

Es un peligro real, que hay que evitar de dos maneras. Primero, tomando conciencia de las causas que hacen que la situación de desigualdad se perpetúe a pesar de los progresos jurídicos y formales. Segundo, tomando como objeto de la política feminista la búsqueda de estrategias nuevas que obliguen a reaccionar contra todo aquello que es un impedimento para la igualdad.

Sobre las causas de la desigualdad, remito a los tres puntos mencionados arriba. La duplicación del trabajo —doméstico y profesional—, la insuficiente igualdad de oportunidades, debida tanto a la reticencia del hombre como a la de las mismas mujeres a incorporarse a cargos de responsabilidad, y la condición «objetual» de la mujer, visible en las situaciones más extremas de violencia sexual, son causas de desigualdad. La vía rápida de combatirlas es la «masculinización» de la mujer. Que ésta se iguale al hombre en todo y haga suyas las maneras y costumbres del varón. Algunas feministas, con Simone de Beauvoir a la cabeza, fueron partidarias de esa transformación: ni familia, ni hijos, ni hogar ni marido; todos los esfuerzos, dirigidos a la lucha feminista o profesional. Por mi parte, no creo que sea la solución acertada. No lo es ni para el bien de la mujer ni para el bien de la sociedad. Al contrario, pienso que la primera estrategia que han de contemplar las mujeres debería tener el signo inverso a tal opción: no masculinizar a las mujeres, que sería hacer una sociedad más masculina y, en definitiva, más machista, sino *feminizar a los hombres*. La segunda estrategia será la de hacer ver que el feminismo no es un asunto de mujeres, sino de interés común. Veamos, por separado, cada una de ambas propuestas.

La feminización de los hombres

Feminizar a aquella parte de la sociedad que ha sido predominante significa hacer pública la cultura feminina que es la otra: la que ha permanecido oculta y encerrada en la vida privada. Ha sido así porque el mundo exterior era de los hombres. Y también porque las mujeres tienen una identidad que les desagrada. Ni los nombres recibidos ni las cualidades que les han sido atribuidas son amables. Virtudes o cualidades como la ternura, la abnegación, la pasividad, la modestia, la cooperación, el pragmatismo, la responsabilidad. No son virtudes fuertes, sino atributos que a la mujer liberada no le cuadran ni los quiere. ¿Cómo competir con el hombre con esas armas? Es mejor sin duda imitar el talante varonil, las virtudes que realmente cuentan en las sociedades competitivas: la inteligencia, la valentía, la agresividad, la dureza. Las virtudes que derivan de la misma raíz de virtud: *vir,* que significa 'varón'. La primera virtud —recordémoslo— fue la fuerza física, el valor guerrero. De ahí salieron las demás. En cambio, los valores femeninos son débiles y pasivos. La pregunta es: ¿son o no son valores? ¿Por el hecho de que hayan florecido en la vida privada, en la relación más directa con los otros, hay que rechazarlos como inservibles para la vida pública? Tengo mis dudas de que haya que hacerlo y trataré de explicarlo.

Hablar de valores masculinos y femeninos no tiene por qué significar la consagración de una dicotomía genérica avanzada por el llamado «feminismo de la diferencia». No se trata de mantener, como ese feminismo suele hacer, posturas esencialistas. Se trata, por el contrario, de apostar por una sociedad que acepte «otras formas de mirar» y, en consecuencia, otras formas de actuar. Formas propias de personas que proceden de otros espacios y que han adquirido unos hábitos y tienen unas preferencias distintas. La diferencia —decimos— es buena y positiva. Añado: lo es si sirve para enriquecer al individuo. Del mismo modo que la mujer se ha hecho más hombre y se ha apropiado de ventajas que fueron exclusivas de los varones, a éstos debería tocarles ahora hacer el movimiento inverso y aprender de las vidas de las mujeres aquello que tienen de socialmente positivo, que no es poco. La renuncia, la compasión, la ternura, incluso un cierto sentimiento de culpabilidad no vendría mal a una sociedad cuyos dirigentes tienden inevitablemente a la prepotencia y arrogancia de quienes piensan que el error no va con ellos ni parecen sentirse obligados a escuchar nunca a nadie.

Si la mujer se integra en la sociedad de una forma más plena de como lo ha venido haciendo, gana la libertad que nunca tuvo. Pero sería una lástima que esta sociedad, ya no exclusivamente masculina, siguiera con los desvíos propios de la masculinidad y sin recibir ninguna savia que diluyera su machismo. Sería lamentable que las mujeres se limitaran a copiar el modelo masculino. Lo que, por otra parte, es la vía más fácil para ser aceptadas.

No se trata de generalizar algo así como la moral del esclavo. La esclavitud es reprobable y mala dondequiera que esté, sean hombres o mujeres quienes la padezcan y aunque adopte formas más o menos sofisticadas. Pero no es esclavitud la capacidad de conciliación, la aproximación al otro, una cierta discreción. Me acerco en esta propuesta —que ya he desarrollado antes[1]—, a Carol Gilligan[2] y a su *ética del cuidado.* Dice Gilligan que, así como los hombres han desarrollado una ética de la justicia, las mujeres siempre han estado más cerca de una ética del cuidado y de la responsabilidad. No significa que tengamos que renunciar a la justicia para dedicarnos al cuidado de los demás. Significa que la justicia es insuficiente y que el cuidado de los demás no es menos importante que aquélla. Al lado de la llamada por

---

[1] Véase *Virtudes públicas,* Madrid, Espasa-Calpe, 1990, cap. VII, y el capítulo V de este libro.
[2] *In a Different Voice,* Harvard University Press, 1982.

Hume «la fría y celosa virtud de la justicia» hay que mantener y cultivar la virtud de la benevolencia, la preocupación por los otros.

La proposición de ley que, hace algunos años, presentaron en el Parlamento las comunistas italianas con el título «Le donne cambiano i tempi» va en el mismo sentido. No renunciemos —venían a decir aquellas mujeres con su propuesta de ley— al tiempo dedicado a la educación de los hijos, a la atención a los enfermos, al cuidado de la familia. Es un tiempo importante, tanto o más importante socialmente que el tiempo dedicado al trabajo asalariado. Sólo ocurre que ese tiempo privado y «reproductivo» carece del reconocimiento social que tiene el tiempo «productivo» y público. Nuestra misión, sin embargo, no es aprender a desvalorarlo, sino transmutar los valores y conseguir que el tiempo reproductivo sea adecuadamente valorado. Han sido los hombres los que han dividido el tiempo dando más importancia a la dedicación a unas tareas que a otras. La mayoría de las mujeres que trabajan no han querido renunciar a las obligaciones que siempre tuvieron ellas solas. ¿Por qué? No sólo porque si ellas no lo hacen no lo hace nadie, sino porque son tareas valiosas. Ocuparse de los hijos no es una obligación despreciable. Tampoco lo es organizar y sustentar la empresa familiar. ¿O sería bueno que todos, hombres y mujeres, abandonaran estas obligaciones? ¿Qué tipo de sociedad tendríamos en tal caso? Pues bien, el peligro de no plantearnos la cuestión en tales términos, el peligro de relativizar el problema o considerar que afecta sólo a las mujeres es que acabemos viviendo de un modo que nos desagrade aún más que el que tenemos, que fomentemos formas de vida menos humanas que las que conocemos.

Feminizar a los varones y, por extensión, a la sociedad, podría significar asimismo transformar la manera de hacer política. Transformar la dicotomía entre lo público y lo privado, tanto para que la actividad política sea más compatible con las actividades de la vida privada, como para que la vida pública suavice algunas de sus formas y manifestaciones. La fraternidad, que rige más en el ámbito privado, debe tener también su lugar en el ámbito público. Es sólo cuestión de modificar las prioridades y la jerarquía de valores. Hacer que la conciliación, el diálogo y, en definitiva, el pragmatismo venzan sobre la agresividad y la lucha partidista[3].

Es una estrategia que no dudo que choca con inmensas dificultades. Algunas feministas la conciben incluso como fundamentalmente equivocada, un obstáculo añadido a todos los que ya tienen las mujeres para dejarse ver, tomar posiciones de poder y acceder a cargos de responsabilidad. ¿Por qué —dice, polemizando conmigo, Amelia Valcárcel[4]— tenemos que ser las mujeres las que hagamos nuestra la tarea de redimir a la sociedad? Lo primero es tener poder. Una vez estemos ahí, ya discutiremos qué hacemos y cómo. Mi opinión es que la cosa, a estas alturas del feminismo, es más compleja. Los movimientos tienen que ser más sutiles, más cualificados. En primer lugar, las mujeres no podrán tener más poder si no consiguen hacer compatibles la vida privada y la pública. Descartada la idea de abandonar la vida privada, la compatibilidad entre una y otra es la primera tarea. Se trata de un objetivo inalcanzable sin voluntad política, por un lado, y esfuerzo cotidiano de los hombres y las mujeres, por otro. Debe haber más políticas destinadas a hacer compatibles tareas como la maternidad y el cuidado de los niños con la inserción en el mundo laboral. Políticas que faciliten a las parejas jóvenes la decisión de tener hijos. Junto a ello, cada hombre y cada mujer han de proponerse no abdicar de ciertas obligaciones privadas por el hecho de entrar en el mercado laboral.

La psicología nos dice que ha sido una constante del comportamiento femenino experimentar satisfacción y felicidad en la dedicación al otro. La mujer se siente tanto o

---

[3] En el capítulo VII, «La otra gramática del poder», desarrollo esta idea sobre otra manera de hacer política.

[4] Amelia Valcárcel, «Sobre el genio de las mujeres», en *Isegoría,* Madrid, C.S.I C., 1992. Reproducido en *La política de las mujeres,* Madrid, Cátedra, 1997.

más en su función criando a sus hijos, por ejemplo, que desempeñando un cargo público. Será así si es doctrina psicológica. Pero es así porque las han educado para que así sea. Lo que hay que preguntarse es: ¿es desviada esa educación, o lo es simplemente porque ha ido dirigida exclusivamente a la mitad de la humanidad y no a la otra mitad? ¿No sería bueno que todos pudieran sentir una cierta complacencia en la dedicación a los otros? Recuerdo aquel párrafo terrible de Kant donde el filósofo ilustrado por antonomasia pone en duda la capacidad moral de las mujeres. Si el carácter masculino lo considera noble y sublime, precisamente porque es viril, las mujeres, en cambio, sólo le parecen memorables por su belleza. La inteligencia de las mujeres no está hecha para grandes complicaciones, como lo son los tratados jurídicos o filosóficos. Las mujeres, si evitan el mal, lo hacen porque el mal es feo y porque encuentran hermosos los actos virtuosos. Así, dictamina Kant: «Nada de obligaciones, nada de deberes, nada de necesidad. Las órdenes y las imposiciones son insoportables (para las mujeres). Cuando hacen algo, lo hacen porque les gusta hacerlo, y el arte consiste en hacer que les guste lo que es bueno. Difícilmente entenderé que el sexo bello sea capaz de principios. En su lugar, la Providencia las ha dotado de sentimientos benevolentes y humanos, de un fino sentido de adaptación y de un alma complaciente»[5].

Lo que Kant dice es una estupidez sin más. Su diagnóstico es quizá comprensible para su época, pero inaceptable desde cualquier punto de vista. No obstante, es posible darle la vuelta al comentario para hacer notar que seguramente el mundo iría mejor si no faltasen esos sentimientos que Kant atribuye en exclusiva —y despectivamente— a las mujeres. Saber ver y aceptar las obligaciones, la justicia, porque son bellas, además de buenas, haría el discurso moral más amable de lo que suele ser.

---

[5] I. Kant, *Observaciones sobre el sentimiento de lo bello y lo sublime.*

EL INTERÉS COMÚN DEL FEMINISMO[6]

La segunda estrategia feminista que propongo es la conversión de eso que hemos venido en llamar «el problema de las mujeres» en un problema de interés común. Hay que tender a la mundialización o universalización del feminismo. La desigualdad de las mujeres es todavía una asignatura medio pendiente en nuestras sociedades. Lo que no obsta para que la lucha contra tal desigualdad haya sido la lucha más importante del siglo xx. Pero no es un problema que concierna sólo a las mujeres, aunque lo parezca. Aunque lo parezca —insisto— porque la literatura que genera el problema no ha conseguido interesar a nadie más que a las mujeres. Mientras así sea, mientras sea considerada una cuestión sectorial, marginal, permaneceremos ciegos todos ante la mayoría de las crisis que amenazan a las sociedades avanzadas —estado de bienestar, paro, familia, ancianos, etc.— porque dejaremos de considerar que uno de los factores de tales crisis es, precisamente, el cambio experimentado en la posición y actitudes de la mujer.

No pretendo hacer una llamada a la solidaridad. No es eso. Lo que digo es más pragmático y realista. De cuál sea la situación actual y futura de la mujer dependen muchas otras cosas, depende casi todo. Es una guerra en la que todo el mundo, lo quiera o no, ha de entrar. Negarse a verlo es, además de minimizar una cuestión que no es mínima, abdicar de responsabilidades que son de todos. Ningún partido político se atreve ya a prescindir de hacer gestos en favor de los derechos de la mujer. Pero es que creer en esa causa es algo más que hacer gestos y pergeñar programas teóricos, es algo más que establecer unas cuotas de participación que

---

[6] Para una visión general de la importancia del interés común en la sociedad democrática y corporativista, cfr. Victoria Camps y Salvador Giner, *El interés común,* Madrid, Centro de Estudios Constitucionales, 1992.

luego se cumplen mejor o peor. Es pensar en las consecuencias del encaje que debe tener la mujer en la sociedad y afrontar esas consecuencias sin que, al hacerlo, se vea perjudicada ni la causa feminista ni la mayoría de los problemas sociales comunes a todos.

Universalizar la causa feminista significa no dejarla sólo en manos de mujeres, lo cual, hoy por hoy, significa, a su vez, reducirla a proyectos marginales propios de institutos de la mujer y de ministerios de asuntos sociales. En la época del pensamiento global tan criticado, hay que decir, sin embargo, que algunas cosas deben ser pensadas globalmente, transversalmente. Ésta es una de ellas. No basta que unas cuantas mujeres se comprometan con su género. La misma política hecha por mujeres ha de abrirse a más objetivos. Las mujeres deben empeñarse en hacer ver la conexión que tienen sus reivindicaciones con la mayoría de las cuestiones sociales que nos estamos planteando. Es preciso que la causa feminista quede integrada en todas las políticas sociales, que llegue a perder incluso su denominación de origen. No es a la mujer a quien hay que defender, sino la educación de los hijos, el cuidado de los enfermos, la atención a los ancianos, la estabilidad de la familia, el reparto equitativo del trabajo.

También en lo que concierne a la causa feminista es preciso huir del corporativismo y dejar de pensar exclusivamente en mujeres, dejar de teñir de discurso de género cuanto las mujeres hacen o dicen, para mostrar que el mensaje de hoy va más allá de las reivindicaciones ya gastadas por varias generaciones de militantes feministas.

Uno de los aspectos básicos de la feminización de la sociedad es, como decía un poco más arriba, el cambio en las concepciones de lo público y lo privado. Desde el punto de vista de la mujer emancipada, la dicotomía y la separación entre los dos ámbitos pierde sentido. No se explica que lo privado y lo público se muevan según lógicas, dinámicas, incluso valores distintos. Que lo que no vale en un caso, siga aceptándose en el otro. Que lo público siga siendo lo dominante y, aún peor, lo superior. ¿Por qué en los últimos tiempos la vida familiar se ha atomizado, al ritmo en que lo hacía la vida pública? ¿Por qué no ha ocurrido lo contrario: que la cohesión más propia de la familia se extendiera a otras relaciones? ¿Por qué nunca es lógico trasladar los valores de la vida privada a la vida pública, cuando sí lo es lo contrario? La respuesta es sencilla: porque la división sexista del trabajo no ha desaparecido y la vida privada sigue siendo exclusivamente de y para las mujeres. El liberalismo nunca cuestionó esa división del trabajo en el hogar: le iba muy bien que así fuera. Lo personal es político, ha sido el eslogan de la segunda mitad de este siglo. Una idea que aún está pendiente de aceptación general y de desarrollo[7].

El problema que tenemos es que el único ámbito público es el laboral, puesto que la política —que sería lo público por antonomasia— no deja de ser una profesión más. En la esfera pública no hay lugar para ocuparse de los problemas comunes de la sociedad. La política, también corporativista, se ocupa de sí misma. Lo mismo hacen, en general, los medios de comunicación. Y todas las profesiones. El «cada cual a lo suyo» es la tónica predominante de la sociedad corporativista.

Ante tal panorama, como ante cualquier problema general, se imponen dos vías de solución complementarias: la personal y la política. La primera, más cotidiana, consiste en la transformación de las actitudes y de las formas de comportarse de hombres y mujeres. Pero tomando conciencia de que hay un estilo ignorado de hacer las cosas —que el único estilo no es el propio del varón porque él ha sido el protagonista—, que debe ser valorado y contemplado. La segunda vía de acción, más pública, es la de no abandonar las políticas dirigidas a corregir las desigualdades que aún discriminan y que afectan a problemas de interés común.

Muchas son las profesiones que empiezan a tener mayoría de mujeres: la enseñanza siempre la tuvo, pero ahora abundan las juezas, las periodistas, las médicas, las arqui-

---

[7] Me referiré más a ella en el capítulo siguiente: «La mujer ciudadana».

tectas. Extraña —a mí, por lo menos— que esa presencia ya masiva no haya provocado casi ningún cambio en el modo de ejercer la profesión. ¿Qué pasaría si los hombres realmente sustituyeran a las mujeres en las faenas de la casa? ¿Podemos imaginar que no habría cambios en la forma de conducir y organizar la vida familiar? Es difícil. Ni siquiera la educación de los niños ha dejado de ser del todo sexista, a pesar de que esa educación hace tiempo que está en manos de mujeres concienciadas y plenamente mentalizadas. Quiero pensar que la explicación está en la lentitud en que cambian las costumbres. Y también en la timidez de las mujeres que aún tienen memoria de su situación de inferioridad y les falta audacia para emprender reformas en serio. Sea como sea, y dado que la sociedad tal como es no nos parece muy satisfactoria, ni a las mujeres ni a los hombres, no está de más que la bandera feminista sea, sobre todo, una bandera crítica. Es adonde apuntan las dos propuestas de este primer capítulo.

II

La mujer ciudadana

EL INDIVIDUALISMO LIBERAL

Los derechos humanos vienen de la mano del liberalismo. Del derecho a la libertad, para ser más exactos. La igualdad ante la ley o la igualdad de derechos fue la primera consecuencia de aquel principio de la ley natural que decía: «todos los hombres son, por naturaleza, libres e iguales». De ahí nacieron los primeros derechos humanos que fueron el soporte de las constituciones democráticas modernas: el derecho a las libertades civiles y políticas. La libertad de religión, de conciencia, de expresión, de asociación, por una parte, y el derecho de ciudadanía, por otra. Pero cuando tales libertades se instituyen, a la mujer no se le reconoce públicamente una conciencia individual distinta de la de algún hombre. En el siglo XIX, James Mill considera una redundancia el derecho de la mujer a votar: ¿para qué si ya votan sus maridos? El universalismo liberal e ilustrado no llega a incluir a las mujeres.

Se ha dicho, y es cierto, que el universalismo de los derechos humanos tiene un defecto de base: es un universalismo abstracto. Parece que incluye a todos los humanos, pero, en realidad, excluye a muchos de ellos. El principio que dice «todos los hombres» está pensado en masculino porque a nadie se le ocurre pensarlo de otra forma. No se reconoce la igualdad entre unos y otras y, sin ese reconocimiento —y otros que se descubrirán más tarde—, la libertad resulta ilusoria y es un engaño.

Las feministas actuales, con Carole Pateman a la cabeza, denuncian, en el fondo de esa abstracción, una división entre lo privado y lo público que es el origen de todas las desigualdades que han oprimido a la mujer. Mientras la igualdad política, la igualdad en el ámbito público, aparece como un objetivo que se ha de conseguir, no ocurre lo mismo con la igualdad en el ámbito privado. Porque las desigualdades sociales se consideran irrelevantes para la igualdad política, el sufragio universal y las libertades civiles.

Muchos filósofos son culpables de incurrir en esa discriminación. Locke es uno de ellos. A pesar de que Locke fue capaz de denunciar y criticar el *Patriarca* de Filmer y las barbaridades vertidas en él, las feministas no le perdonan su poca perspicacia en la distinción y división de poderes. Locke en efecto, afirma que Filmer se equivoca al defender los privilegios de la monarquía haciéndolos derivar del poder otorgado por Dios al primer hombre, Adán. Dios dio poder a Adán sobre los «seres vivientes», en efecto, pero se refería sólo a los animales; nada tenía que ver ese poder con un poder político. Tampoco hay base en las Escrituras, según Locke, para suponer una sanción divina del dominio de Adán sobre la mujer. El Génesis dice que «Dios les bendijo [a Adán y Eva] y les dijo: "Dominad a todos los seres"». Se lo dijo a ambos, advierte el filósofo: ambos recibieron de Dios el mismo mandato. Ni siquiera el poder sobre los hijos es exclusivo del padre. El mandamiento divino dice: «Honra a tu padre y a tu madre», a los dos, no sólo a uno de ellos.

Pero Locke no acierta en todo. Cuando habla de poderes, distingue entre el poder paternal, que es natural, y el poder político, que es convencional. Nada se puede hacer para modificar el primero, obra de la naturaleza y que está bien como está. El poder político, en cambio, es otra cosa, puede revestir las formas que convenga o sean necesarias. Es decir, la separación entre lo privado y lo público no se cuestiona: es natural.

Incluso las mujeres sufragistas aceptarán sin remilgos esa separación. En la opinión de las pioneras del feminismo, las mujeres desempeñan un servicio público en su papel de madres y de educadoras. Está bien que así sea y que lo sigan haciendo. Conseguir el voto para ellas es aceptarlas como individuos, reconocerles la individualidad, pero en su ámbito. Las sufragistas no se dan cuenta de que, mientras exista la división sexual del trabajo, esa división afectará a la distribución del poder político. Que la igualdad política será sólo formal mientras no se zanje la separación entre un trabajo remunerado y otro no remunerado y, en consecuencia, despreciable.

Es decir, que si el universalismo de la Ilustración es abstracto, también lo es el individualismo, la supuesta defensa de todos los individuos. El derecho de ciudadanía, formalmente garantizado a todos, simula una igualdad camuflada bajo ese «individualismo abstracto» que Marx criticó con justeza. La universalidad conseguida es puro engaño. El individuo al que se alude no es el sujeto de intereses diversos, sino el que responde a la individualidad masculina. Una individualidad incapaz de escapar de la diferencia entre lo privado y lo público. Mantener esa diferencia era perfecto para excluir a quienes no encajaban en el esquema construido. Del mismo modo que se excluía a las mujeres, se excluyó a los pobres, a los obreros, a los no propietarios, a todos los que enturbiaban la perspectiva general que no era otra que la propia, la de quienes la crearon.

A finales del siglo XIX empezarán a gestarse otras formas de igualdad que darán paso a la proclamación de los derechos sociales y a la formación del estado de bienestar. Pero incluso ese estado, que protege sobre todo a las mujeres —como veremos en el próximo capítulo— se mueve en la ambigüedad entre el contrato social, derivado del individualismo posesivo, y la beneficencia o caridad, propia de la esfera privada o familiar. El individualismo de los propietarios afirma la individualidad propia y aquellas otras que en algo son semejantes a la suya. Con ésas es posible el contrato. Las otras individualidades no quedan desprotegidas,

29

pero su protección es otra cosa: es una igualdad que admite un tratamiento diferente[8]. La dinámica histórica de los derechos humanos partió de los derechos civiles y políticos y acabó en los sociales. Unos y otros, sin embargo, se condicionan mutuamente.

Una ciudadanía diferenciada

Los privilegios siempre ocultan diferencias. El deseo de unidad excluye otras perspectivas. El paso de la Edad Media a la Modernidad significa la conquista continuada de una igualdad y unas libertades que pretenden dar garantías a todos los ciudadanos ante los poderes absolutos y excesivos de los monarcas y de los estados y que aspiran a acabar con los privilegios heredados. Pero la unidad y la universalidad se alcanzan rápidamente en la teoría cuando la práctica exhibe aún diferencias de muy distinto calado y que demandan correcciones varias. Los filósofos ilustrados hablan a favor de una ley universal y de una voluntad general, que los humanos aún no están en condiciones de realizar. La mayoría ni siquiera se da cuenta de dónde está la dificultad o el engaño. Las diferencias son demasiado radicales para que parezcan eliminables. Kant, con su universalismo moral a cuestas, no tiene reparos en afirmar que las mujeres sólo son capaces de entender el lenguaje de la belleza, pero son negadas para el de la ley o la justicia. Rousseau pone en el centro de su democracia la voluntad general, pero diseña una forma de educar para hombres y otra para mujeres porque los unos y las otras no están hechos para lo mismo.

El error quizá estuvo en aspirar a lo universal sin más. Error que descansa en el supuesto de que somos esencialmente razón y de que esa razón, que es la misma para todos, señala el camino de la igualdad y de la libertad. En realidad es muy difícil hablar de la redención de las desigualdades y

---

[8] Cfr. N. Fraser y L. Gordon, «Contrato *versus* caridad», en *Isegoría,* núm. 6, Madrid, 1992, págs. 65-82.

las injusticias sin detenerse antes en ellas, ver cuáles son y cuáles son sus causas. Son las desventajas y las discriminaciones las que nos llevan a hablar de justicia. No al revés. El privilegio, por sí mismo, descalifica para hablar de las desigualdades. Nadie, en principio, está legitimado para hablar en nombre del interés común, porque ningún grupo puede hablar en nombre de otro. Sólo el que ha sufrido la exclusión sabe de qué está hablando.

El liberalismo reconoció el derecho político como universal, pero le negó el voto a la mujer. Los hombres —trabajadores o soldados— se habían ganado el derecho de ciudadanía. Las mujeres —amas de casa o educadoras— no se lo ganaban por lo visto. Las mujeres no eran más que mujeres, mientras los hombres exhibían una identidad que avalaba su servicio a la sociedad. El liberalismo, ciego para estas discriminaciones, es culpable del tratamiento diferenciado de hombre y mujer[9].

El primer feminismo compartió la falacia de la universalidad. Pidió la inclusión de las mujeres en ese mundo común que se erigía en portavoz de lo universal. La radicalidad, imprescindible en un primer momento, impedía pensar en lo heterogéneo. Hoy, sin embargo, estamos en condiciones de criticar esa perspectiva universalista como esencialmente masculina. Masculina y ocultadora de la diferencia real. La dignidad del ser humano hay que defenderla en cualquier caso, trátese de hombres o de mujeres, de ricos o pobres, de negros o blancos. Pero esa dignidad se expresa de muchas maneras. No se expresa imitando el hacer predominante, que ha sido el de los varones. También hay una dignidad en el hacer silenciado de las mujeres. Una dignidad, eso sí, que debe ser reconocida como lo que es y elevada, por lo tanto, al mismo nivel del modelo dominante. En lugar de una ciudadanía universal —dice Iris Marion

---

[9] Cfr. Anne Phillips, «¿Deben las feministas abandonar la democracia liberal?», en Carme Castells (comp.), *Perspectivas feministas en teoría política,* Barcelona, Paidós, 1996, págs. 79-97.

Young[10]— necesitamos una «ciudadanía diferenciada» en función del grupo. No queremos un sector público homogéneo, sino heterogéneo. Hay que ir más allá de la libertad y de la ciudadanía liberal.

El liberalismo es un punto de partida, no puede ser el punto de llegada, si no queremos darle la razón al inefable Fukuyama. Tras la desaparición de los dos bloques, tras las varias revoluciones del siglo xx —de las cuales quizá la fundamental es la de las mujeres— queda mucho por hacer y por decir. No estamos en el fin de la historia porque todo haya sido dicho. Hay que enriquecer el liberalismo con propuestas e ideas procedentes de diversas culturas, que no buscan homogeneizarse con el principal analogado, sino que quieren mantener y ver reconocidas sus diferencias sin menoscabo de que también sean reconocidos unos derechos universales y básicos. Eso es posible. Es posible a la luz de aquella tesis aristotélica que quiso zanjar, precisamente, la división radical entre lo uno y lo múltiple: «el ser se dice de muchas maneras». Y también el bien, la dignidad, la ciudadanía. Defender la igualdad como derecho universal no tiene que implicar que todos los individuos sean clónicos.

Se me ocurre que de ahí derivan, por lo menos, dos cosas. Una, referida a las maneras de hacer justicia y no cejar en el empeño hacia la no discriminación total. Otra, la necesidad de profundizar y extender el alcance de la igualdad a ámbitos adonde no ha llegado casi ni como imperativo. Esta segunda cuestión en el feminismo se resume en la tesis: «lo personal es político».

1. Hacer justicia no significa igualitarismo, sino *tratar diferente a los diferentes*. Es lo que está previsto en el principio de la diferencia de John Rawls: las desigualdades son aceptables siempre que favorezcan a los menos favorecidos. Este principio es el soporte teórico de las políticas de *discriminación positiva* pensadas para favorecer a los discrimina-

---

[10] Iris Marion Young, «Vida política y diferencia de grupo: una crítica del ideal de ciudadanía universal», en Carme Castells (comp.), *op. cit.*, págs. 99-126.

dos. Se ha dicho y escrito mucho sobre tales políticas, tanto que ya empiezan a estar pasadas de moda y a ser combatidas desde un punto de vista jurídico. Como les ocurre a otras muchas medidas políticas, encierran posibles perversiones. Pero también es cierto que allí donde han sido aplicadas con persistencia han dado buenos resultados. En los países nórdicos, la igualdad política está conseguida gracias a haber aplicado políticas discriminatorias. Cuando hay que corregir desequilibrios tan consolidados que ni los perciben las propias afectadas, las medidas tienen que ser drásticas y cuantitativas. Es la única forma de dar el primer paso. Sólo debe tenerse en cuenta que no todo está conseguido aplicando esas políticas. La democracia paritaria es, como el liberalismo, un punto de partida. No el punto de llegada.

Una segunda forma de hacer justicia tratando diferente a los diferentes es mediante políticas dirigidas a ponderar de forma comparable el valor de diferentes conductas. En el terreno laboral, por ejemplo, las mujeres han tendido a desempeñar más tareas de servicios —limpieza, cuidado— o tareas que exigían una habilidad manual en la que se han hecho especialistas —costura, esteticista. Por el hecho de ser trabajos de mujeres, son trabajos peor pagados. Un modisto o un peluquero ha tenido de entrada más prestigio que una modista o peluquera. Incluso un barrendero cobra más por su trabajo que una empleada del hogar. Corregir esta desigualdad significa hacer un esfuerzo de ponderación que muestre la no inferioridad en capacidad, dedicación, destreza, de ciertos trabajos femeninos comparados con los masculinos.

Finalmente, todas las injusticias nos remiten a una desigualdad en la educación o en la capacidad de las personas para aprovechar la educación que, de un modo general, se da a todos. Para combatir esa desigualdad hay que pensar en una educación más particularizada y selectiva. Sólo así la educación podrá ser realmente equitativa y acercarse al objetivo de la igualdad de oportunidades. Una consecuencia del paradigma universalista liberal es esa educación igual para todos («educación comprensiva» la llaman los socialistas) que, aunque le sobra buena intención y anhelo progresista, no conseguirá equilibrar las desigualdades mientras persistan otras diferencias sociales y económicas. Tratar diferente a los diferentes es el único modo de abrir el abanico de oportunidades y hacerlo accesible a todos.

En realidad, estas propuestas son un desafío al paradigma liberal que sólo piensa en el trabajador o en el educando normal y sano, en la «situación laboral típica». Dichas situaciones normales nunca coinciden con la de la mujer embarazada, la del jubilado, la del inmigrante. Las personas de edad avanzada, las que tienen otros a su cuidado, las que proceden de otras culturas, para recibir un tratamiento igual, deben ser tratadas de forma diferente.

No hace falta pensar sólo en las mujeres analfabetas o poco formadas. También las cultas han sentido su inferioridad notoria. María Zambrano cuenta el vacío que experimentó al hacer filosofía e intentar compartir sus vivencias con Ortega: «Mi razón vital de hoy es la misma que ya aparece en mi ensayo *Hacia un saber sobre el alma* [...] Yo creí, por entonces, estar haciendo razón vital y lo que estaba haciendo era razón poética. Y tardé en encontrar su nombre. Lo encontré precisamente en *Hacia un saber sobre el alma,* pero sin tener todavía mucha conciencia de ello. Le llevé este ensayo, que da título al libro, al propio don José Ortega, a la *Revista de Occidente.* Él, tras leerlo, me dijo: "Estamos todavía aquí y usted ha querido dar el salto más allá" [...] Yo salí llorando por la Gran Vía, al ver la acogida que encontró en don José lo que yo creía que era razón vital. Y de ahí parten algunos de los malentendidos con Ortega, que me estimaba, que me quería, no lo puedo negar. Y yo a él. Pero había... como una imposibilidad. Es obvio que él dirigió su razón hacia la razón histórica. Yo dirigía la mía hacia la razón poética. Y esa razón poética —aunque yo no tuviera conciencia de ella— aleteaba en mí, germinaba en mí, no podía evitarla aunque quisiera»[11].

---

[11] «María Zambrano, pensadora de la aurora», en *Anthropos,* 70-71 (1987), págs. 37-38.

2. La consigna «lo privado es político» ha de ocupar un lugar más prominente en el tratamiento de la desigualdad femenina. Los problemas de la vida privada, esa nula distribución del trabajo no remunerado, exigen soluciones políticas. Pero, al mismo tiempo, hay que entender y reconocer que el poder de la vida privada es también poder político. Que es injusto despreciar y no valorar debidamente el tiempo de la reproducción, el tiempo de las mujeres.

Dar a ese tiempo el reconocimiento adecuado implica asimismo adecuar el otro tiempo —el productivo— a las exigencias del primero. Otra consecuencia del liberalismo universalista es el modelo de actividad política impuesto por el hecho de que los hombres políticos podían permitirse el lujo de dejar en manos de otros y de otras labores más perentorias. No sólo los políticos liberales, también los primeros demócratas, los griegos, promovieron un modelo basado en la división del trabajo. El ciudadano griego podía dedicarse a la actividad política porque tenía un ejército de mujeres, esclavos y extranjeros que le hacían el trabajo más vil y duro. La actividad política actual, repleta de reuniones inacabables, viajes de representación y consejos de fin de semana, forja un tipo de individuo que, no sólo vive descargado de las monsergas cotidianas a que obligan la familia y los niños, sino que no encuentra aliciente alguno en otras cosas que también son ocasión de diversión y de sentido. Como ha escrito Michael Walzer: por estimulante que sea la política, la gente quiere hacer otras cosas, como «dar largos paseos, jugar con sus hijos, pintar cuadros, hacer el amor y ver la televisión»[12]. Es cierto, no sólo la política, la mayoría de los trabajos cualificados demandan un estilo de conducta y un ritmo de vida que sólo conviene a quien no ha tenido otra obligación que la laboral. Las mujeres no ven otra salida que la de acomodarse a las expectativas creadas por los hombres. Por eso, pedir sólo democracia paritaria, pedir más participación política para las mujeres, es contar una

---

[12] Citado por Anne Phillips, art. cit., pág. 88.

parte de la película. Es quedarse, en definitiva, en el análisis de la desigualdad hecho por los hombres como desigualdad de renta y poder, no como desigualdad derivada de la discriminación y desprecio de lo privado.

La realidad, sin embargo, es que la mujer no se entrega al mercado de trabajo sólo en función del dinero, el poder o el éxito. Busca y mide también otras gratificaciones: la calidad del trabajo, las relaciones personales, el tiempo para los hijos. Que todo ello deba quedar al margen, en nombre de una construcción de la realidad social que pretende ser buena para todos, pero que sólo es buena para el varón —y ni aun para él, a ser exactos—, es renunciar a demasiadas cosas. Si el liberalismo es culpable de una serie de malentendidos e interpretaciones desviadas, a las mujeres les toca corregirlo al tiempo que se aprovechan de los beneficios que trajo consigo el liberalismo.

Uno de esos beneficios es, aunque parezca contradictorio con lo que vengo diciendo, la exigencia de universalidad. Pero una universalidad no tendenciosamente definida como la anterior, sino vista desde, por lo menos, dos perspectivas no iguales: la femenina y la masculina. La perspectiva de la mujer, con su valoración del tiempo reproductivo, es una perspectiva tan universalizable como la del varón, con su valoración exclusiva del tiempo productivo. Pretender que aquélla llegue a ser tan universal como ésta no es sino pedir que las dos perspectivas las haga suyas el mismo individuo, que no sean la prueba de una división de género, sino exhibición de un mundo más rico en posibilidades.

La mujer tiene una mirada distinta, afirman, quizá con excesivo aplomo, las componentes de la Librería de mujeres de Milán. Hay que atender a la *medida femenina*. Es cierto que las mujeres están cada vez más presentes en la vida pública. Seguramente también lo es que la política es, cada vez más, «la política de las mujeres». ¿Qué significa? No que desprecien la actividad política de plano, como dan a entender las mujeres milanesas. Significa que la medida femenina debe ser algo al margen del conflicto o la igualdad con los hombres. Que las mujeres accedan al poder no implica que deban hacer lo mismo que han hecho allí los hombres.

Hay en las mujeres un *plus* que debe poder expresarse, porque el fin de la explotación femenina no debe ser el fin de la obra femenina de la civilización. Son las mujeres, incluso las liberadas, las que, en estos momentos, se están enfrentando a las tareas más arduas y a las contradicciones más vivas de la sociedad. Quieren acceder al mercado laboral cuando escasea el empleo, quieren mantener los lazos familiares cuando las condiciones externas no ayudan en absoluto a reforzarlos, insisten en tener hijos cuando las dificultades crecen. Si acertamos a administrar todo ese capital procedente de la «mirada distinta» y de la «medida femenina», la presencia de la mujer en la sociedad podría suponer la transformación de la situación de estancamiento en que estamos, el trueque de unas instituciones que pertenecen al orden simbólico masculino por otras que tratan de hacer convivir ese orden con el de las mujeres.

No todas las mujeres feministas están de acuerdo con estos planteamientos. Muchas piensan que así, con esa especie de cierre de filas en torno a lo femenino, no hacemos sino dar alas al genérico «mujer», cuando lo que debemos proponernos no es ser «mujeres», sino ser «individuos». Estoy de acuerdo. Lo que ocurre es que tampoco el varón es individuo. Como bien vio Stuart Mill, la individualidad es algo que sólo el genio consigue. Y hombres genios... en fin, una aguja en un pajar.

No tenemos más remedio que referirnos al genérico «mujer», aunque lo detestemos, porque estamos hablando de un problema y sólo en general se puede hablar de ellos. El genérico desaparecerá cuando la liberación sea un hecho. Mientras tanto, hay que usarlo pero para señalar precisamente las diferencias que ese genérico puede introducir en una realidad hecha a la medida del otro género y con el encubrimiento del universal. El mundo de los iguales establecido por el sistema patriarcal, tan bien criticado por Celia Amorós en su ya clásico «Hacia una crítica de la razón patriarcal»[13], no es un

---

[13] Celia Amorós, «Hacia una crítica de la razón patriarcal», en *Anthropos,* Madrid, 1985.

mundo de seres libres y autónomos, desalienados. ¿Por qué no pensar que la diferencia, que ese mundo ha relegado al espacio de lo inferior, puede tener algo valioso y digno de ser imitado y tenido en cuenta? Quizá estemos confundiendo conceptos: diferencia no tiene por qué significar discriminación. Es la subordinación la que dio paso a la diferencia y a una diferencia discriminante. No al revés. Al fin y al cabo, si la verdadera igualdad es la que permite que todos los individuos puedan manifestarse en su individualidad, la igualdad no puede estar reñida con la diferencia.

Ya hace tiempo que las mujeres dicen que, en el grupo, no somos todas iguales. Que el «nosotras» no es homogéneo. El grupo que no quiere pagar el precio de integrarse sin más en el «nosotros» y reivindica su diferencia grupal descubre en seguida que en el «nosotras» también hay diferencias: «Nosotras decimos que es idealista responder a los desequilibrios y desigualdades de la vida social con el principio de igualdad porque la igualdad es una gran idea cívica, pero no es el deseo de nadie, y si la respuesta consigue algún efecto es porque consigue que se despierte la envidia, lo cual no es, ciertamente, de buen agüero para la calidad de las relaciones sociales»[14].

Dar paso a otra política y a una ciudadanía plena. Sin duda es un reto que exige esfuerzo, más esfuerzo que el de aceptar sin más lo que hicieron los hombres. Es una política con posibilidades porque, precisamente, va en una dirección hoy propiciada por los teóricos del multiculturalismo. Frente al liberalismo blando y universalista, los filósofos comunitaristas y multiculturalistas proponen una implicación mayor en las reivindicaciones internas a las distintas culturas. A veces, esa propuesta se hace a costa de la universalidad, lo cual es inaceptable desde la perspectiva de los derechos humanos. Pero hay algo cierto en el diagnóstico comunitarista. Sobre todo acierta Michael Sandel a propósito del malestar

---

[14] Sottosopra / Librería de mujeres de Milán, «El final del patriarcado», en *El Viejo Topo,* págs. 46-59.

de la democracia[15]. En su opinión, la mundialización que preludia el ocaso de los estados nación debería propiciar en paralelo una ciudadanía cosmopolita. Pero la ciudadanía cosmopolita nunca funcionará. Ya no funcionó la ciudadanía adscrita al estado nación, teniendo un espacio más limitado. Con más razón habrá que desconfiar de una ciudadanía mundial. Nadie se emociona ante lo mundial ni se siente comprometido con grandes cuestiones universales. Lo que hoy hace falta —es la opinión de Sandel, que comparto— es una «dispersión de la soberanía», en dos sentidos divergentes: por arriba y por abajo. Ciertas decisiones deben ser tomadas por instancias superiores cuyo control se nos escapa, y es más eficaz que sea así. En cambio, otras cuestiones deben ser acercadas al ciudadano para que se sienta parte de ellas. El principio: «pensar globalmente, actuar localmente» —o el principio de subsidiariedad, para hablar en términos más políticos— parece el único modo de acercar la política al ciudadano.

Para llevar a cabo esta política de acercamiento sin duda la mujer está mejor preparada que el hombre que ha vivido al margen de tantas cosas para ocuparse exclusivamente de las únicas que consideró importantes. Es así como creo que debemos pensar la diferencia en la vida pública. No como separación, sino como apertura a mundos y a obligaciones que siempre estuvieron en espacios ocultos y que no por ello debieran parecernos menos fundamentales. No se trata sólo de buscar originalidad, algo distinto a la pura mímesis. Se trata de encontrar vías que permitan ir más allá del liberalismo blando en el que estamos instalados. Un liberalismo que, en aras de la libertad y del individualismo, no sólo se muestra ciego ante las diferencias y ante las injusticias, sino que no distingue entre los valores. Los valores económicos arrastran a los valores éticos y nos sentimos impotentes para impedirlo. También nos sentimos impotentes para corregir

---

[15] Cfr. Michael Sandel, *Democracy's Discontent,* Harvard University Press, 1996.

las desigualdades derivadas de la separación entre lo privado y lo público. El miedo a limitar las libertades supera a cualquier otra convicción. No digo que las mujeres sean inmunes a las jerarquías y prioridades valorativas de nuestro tiempo consumista. No lo son. Pero el haber tenido que dedicarse a otras rutinas las dota de una mayor lucidez a la hora de dar a cada cosa y a cada compromiso la importancia que merecen. Por lo menos, hay que intentar capitalizar el cúmulo de años, de siglos, supuestamente perdidos y echados en saco roto.

III

El trabajo de las mujeres

La ciudadanía de las mujeres estará en cuestión mientras los derechos políticos sean sólo formales. Lo veíamos en el capítulo anterior. Mientras no se tomen otras medidas, mientras no cambien las actitudes de los hombres, pero también las de las mujeres, con respecto al sentido de la participación política, la ciudadanía será un derecho mal resuelto. No sólo las mujeres lo sienten así, también los demás grupos que están o estuvieron excluidos de ejercer como clases dirigentes sufren carencias parecidas. Y es que lo que se gana estableciendo un principio universal no es, ni de lejos, todo lo que hay que ganar. Hay que dar muchos más pasos para que el resultado sea satisfactorio.

El grupo de derechos humanos que está perpetuamente en crisis no suele ser, sin embargo, el de los derechos llamados de primera generación, que son los derechos civiles y políticos. Es el grupo de la segunda generación de derechos: los derechos económicos y sociales. El derecho a la educación, el derecho a la sanidad, a una pensión, al trabajo, a la vivienda. Son los derechos que requieren una intervención activa del estado para ser respetados y garantizados. Cuando no hay dinero, o el dinero va destinado a objetivos menos sociales, empieza a cuestionarse la legitimidad de tales derechos. Aparecen los neoliberales, como el filósofo norteamericano Robert Nozick, poniendo en duda la justificación de cualquier otro derecho fundamental que no sea el derecho a la libertad individual. Si ello ocurre con la educación o la sanidad, derechos que pueden considerarse consolidados con la expansión del estado de bienestar, ¿qué decir de un derecho como el derecho al trabajo? Cuando se está reconociendo públicamente que el pleno empleo es una ilusión, y lo será a partir de ahora, ¿qué significa seguir proclamando que todos tienen derecho a un trabajo remunerado? Es más, si otros derechos —como la educación o la sanidad— pueden contar con el desarrollo y el amparo de la ley, no ocurre lo mismo con el derecho al trabajo cuya positivización es inviable. ¿Qué hacer entonces? ¿Olvidarnos de él y renunciar a reclamarlo como derecho?

La crisis del trabajo ocurre precisamente en el momento en que la mujer ha empezado a incorporarse y a competir en el mercado laboral. No es casualidad. El trabajo de la mujer es, sin duda, una de las causas de la impotencia del mercado laboral para satisfacer a todos y a todas. El paso de la sociedad industrial a la tecnológica ha eliminado muchos puestos de trabajo. Además, las mujeres, que quedaban fuera de ese circuito, han entrado en él. Por otro lado, las exigencias y garantías que ofrece el estado de bienestar hacen más costosa la creación de empleo. Nadie quiere renunciar a los privilegios adquiridos, pero nadie encuentra la fórmula para mantenerlos al tiempo que se mantienen otras cosas, como la reducción del déficit público, la competitividad en la economía mundial o la misma emancipación de la mujer de su atadura exclusiva a tareas por las que nunca obtuvo un sueldo. Las conquistas y revoluciones sociales se han acumulado en la segunda mitad de este siglo. Evitar sus consecuencias es cada vez más complejo. Y lo más fácil y rápido es decidir que algo debe ser sacrificado en aras del mantenimiento del resto. ¿Queremos pleno empleo?, pues que las mujeres trabajen menos. ¿Queremos conservar los servicios sociales que no puede suministrar el estado?, pues que las mujeres vuelvan a su casa y se ocupen de lo que siempre fue su trabajo más propio.

42

Me propongo abordar aquí el tema del trabajo de las mujeres. Pero no sin antes hablar del problema de fondo que es la supervivencia del estado de bienestar. No necesitamos grandes números ni estadísticas para ver claro las dificultades que tiene tal modelo de estado para mantenerse. Nos lo recuerdan cada día los gobiernos con sus políticas. La demanda de servicios aumenta porque la tecnología evoluciona a la vez que encarece las prestaciones (sobre todo en sanidad), la gente vive más años y necesita más ayuda, las necesidades aumentan al ritmo que crece el bienestar, disminuyen los analfabetos —reales, no los funcionales, que, por el contrario, son más— y todo el mundo exige más formación. La mujer trabaja y deja de ser el hada buena de la familia tradicional.

El estado de bienestar ha favorecido a las mujeres. Ha ayudado a efectuar «la transición de la dependencia privada a la pública»[16]. Como explica Hernes, «la vida de la mujer depende más de la política de los estados que la de los hombres». No sólo como cliente o usuaria, también como empleada, la mujer está más presente que el hombre en el sector público. Una revolución como la de la mujer no podía llevarse a cabo con el puro voluntarismo de las primeras mujeres conscientes de su condición sumisa. Sus reivindicaciones fueron el disparadero que marcó un camino político al que se apuntaron primero los progresistas y luego todos. El soporte estatal era imprescindible para empezar a ganar una batalla a la que aún le quedan muchos frentes.

Porque siempre hay un pero en todos los avances y el feminista no es una excepción. En este caso, las mujeres aparecen más como objeto de las políticas de bienestar que como sus creadoras. Al fin y al cabo, el estado de bienes-

---

[16] Cfr. Helga Maria Herncs, *El poder de las mujeres y el estado de bienestar,* prólogo de Lidia Falcón, Madrid, Vindicación feminista, 1990.

43

tar, aunque es una corrección de ese liberalismo formal y universalista que analizaba en el capítulo anterior, nace dentro de la estructura patriarcal que ha dejado su sello en todo. Esa estructura que, con las palabras de Carole Pateman, ha consagrado la dicotomía entre «mujer dependiente» y «hombre independiente» o entre «hombre ganador del pan» y «mujer ama de casa»[17]. La traslación es fácil y parece obvia: si la mujer antes dependía del marido, ahora pasa a depender del estado. Tiene que pedirle al papá estado cuanto necesita para poder ejercer de individuo o de ciudadana.

Si, en tiempos lejanos, lo que otorgaba derechos políticos a los ciudadanos era su condición de propietarios, gracias al reconocimiento de la igualdad a través de los derechos sociales, ahora es el trabajo lo que otorga un derecho de ciudadanía no meramente formal. Ser ciudadano de pleno derecho implica tener una renta. Y la renta, salvo en el caso de cuatro privilegiados, se adquiere a través del trabajo. Pero el mismo estado de bienestar, al ayudar a las mujeres y liberarlas de algunos de los servicios que hacían gratuitamente, las coloca en la categoría ambigua de unos seres que no pueden acceder al mercado laboral sin protección. A pesar de haber empezado a romper sus cadenas, siguen siendo ciudadanas de segunda categoría.

Como usuarias, las mujeres se mueven mejor en los entresijos de la administración y de la burocracia. Ningún papeleo ni ventanilla les es ajeno, lo saben todo. Sin embargo, apenas intervienen en la legislación. O en el diseño de los programas. Son pocas las que ocupan cargos realmente decisivos. En la administración ocurre lo mismo que en la empresa, en la universidad, en la política y en las organizaciones de todo tipo. Hay mujeres en ellas, pero mandan poco. Como, además, esas mujeres se sienten agradecidas, bien por la novedad que representa su presencia en espacios donde nunca estuvieron, bien por los beneficios que obtie-

---

[17] Carole Pateman, *The Disorder of Women,* Cambridge, Polity Press, 1989.

nen en descargo de otras actividades menos reconocidas y gratificantes, la percepción de la inferioridad no es evidente ni siquiera para las mismas que la padecen. Al contrario, la presencia física de más mujeres al nivel que sea es vista como un progreso indiscutible. Mientras, la estructura patriarcal se mantiene.

Paralela a la crisis del estado de bienestar corre la del mercado laboral. Son crisis complementarias. Lo grave es que la escasez de puestos de trabajo y las cargas sociales del estado se achacan al afán de las mujeres por tener un empleo. Nadie parece darse cuenta de que el estado de bienestar sufriría mucho más de lo que sufre y estaría peor de lo que está si las mujeres hubieran abandonado no algunos sino todos los servicios que siempre han desempeñado gratuitamente y sin reconocimiento alguno. Esta situación convierte, paradójicamente, a las mujeres en las primeras sufridoras de la crisis. Hasta el punto de que el paso de la dependencia privada a la pública puede invertirse haciendo que regresen a la familia los servicios que el estado no está en condiciones de seguir suministrando. Menos guarderías, menos residencias de ancianos, menos formación para las mujeres. ¿Para qué si lo de antes era más rentable y más eficaz? Los conservadores y los liberales duros no lo dudan. Y cuando son ultraconservadores incluso se las arreglan para decirlo a su manera, que suena mejor: hay que recuperar los valores tradicionales. Es decir, la familia. Con lo que el ama de casa tendrá que volver a sus funciones de toda la vida. ¿Cómo, si no, se pone fin al desmadre de los divorcios, al descenso de la natalidad o al abandono educativo de la infancia?

La mujer joven puede caer en la trampa. Precisamente porque lo tiene difícil: como mujer tiene mucho ganado, pero comparte con los de su edad todas las dificultades de situarse y encontrar empleo. Además, si es muy joven, ya no ha conocido a una madre doblada por el peso de una sumisión sin concesiones. La vuelta al hogar puede parecerle incluso cómoda y divertida. Una novedad. Como es una novedad divertida volver a los manteles de hilo, a las comidas naturales que requieren preparaciones eternas y al punto de cruz. Basta que la publicidad lo presente como el colmo de la vida feliz.

El trabajo a tiempo parcial: ¿para las mujeres?

Pero aun no cayendo en la trampa de volver atrás, la mujer se encuentra ante una alternativa complicada. Dado que el trabajo escasea y los servicios no los asegura nadie, se la intenta convencer de que su lugar natural es el trabajo a tiempo parcial. La solución perfecta para solucionar los dos problemas: trabajar menos y poder dedicar más tiempo a esos servicios que salieron del hogar y deberían volver a su sitio. Puesto que tenemos que cumplir con Maastricht, que significa reducir la inflación y el déficit público, sabemos que no es el momento de exigir más protección del estado si ésta cuesta dinero. Por lo tanto, la solución es la anterior: allí adonde el estado no llega, tiene que llegar la mujer.

Me he referido, en un capítulo anterior, a la necesidad urgente de convertir el problema de la mujer en una cuestión de interés común. El feminismo es un universal, no un problema de mujeres. La crisis del estado de bienestar no es más que una prueba de que así es. Si las mujeres insisten en seguir pidiendo más, el modelo se rompe. Pero la sociedad pide ser atendida y protegida. Los derechos sociales están ahí y nadie va a permitir que desaparezcan. Sólo la responsabilidad conjunta de unos y otros podrá salvarlos. Cuando digo «unos y otros» me refiero a la política y a la sociedad civil, a los hombres y a las mujeres. Es decir, la política no puede ni seguramente debe hacerlo todo. Si queremos acabar con la estructura patriarcal del estado, hay que acabar con un modelo paternalista al que podemos dirigirnos pidiendo protección sea cual sea el problema que tengamos. La sociedad debe resolver parte de sus problemas. Ha de organizarse para hacerlo y ha de poner sus estructuras —como la de la familia— al servicio de algunas necesidades. Pero la sociedad —¡ojo!— no es sólo la mujer. Son los hombres y las mujeres que forman la familia y que emprenden movimientos sociales de distinto tipo.

Me he referido también a la necesidad de feminizar al hombre y a la sociedad en su conjunto. No sólo hay que hacer del feminismo una cuestión de interés común, sino que es preciso que ciertas actitudes y valores de la vida privada invadan la vida pública. También esto es imprescindible si de lo que se trata es de salvar el estado de bienestar. Porque no todo es cuestión de justicia: también tiene que haber solidaridad, amistad, incluso caridad. Hay tareas que no deben ser competencia de las administraciones públicas. Porque la gente no sólo necesita instituciones que la atiendan: necesita también afecto y cariño. El afecto y el cariño que sólo puede dar la familia. No la mujer: la familia. A eso me refiero cuando hablo de feminizar al otro: exigirle que haga lo que sólo han hecho las mujeres durante mucho tiempo[18].

Los gobiernos —de izquierdas o de derechas, da lo mismo— han presentado el trabajo a tiempo parcial como la solución idónea para las mujeres y los jóvenes. Es idónea porque las mujeres hacen falta en su casa, son las que mejor resuelven los problemas de intendencia cotidiana tan poco programables y transferibles a empresas públicas o privadas. Así, bien aplicada, esto es, con la racionalidad propia de la estructura patriarcal, la medida del trabajo a tiempo parcial mataría dos pájaros de un tiro: crearía empleo y ofrecería a las mujeres la oportunidad de seguir ocupándose de las rutinas a que las condena su biología.

No digo que el trabajo a tiempo parcial no sea una medida necesaria e incluso buena. Algo habrá que hacer para repartir un trabajo escaso. La jornada laboral no se ha reducido desde hace bastantes años y es hora de que lo haga. Incentivar a las empresas para que creen puestos de trabajo es otra medida, pero se temen sus consecuencias adversas, que las tiene. Nada es del todo descartable. Cada propuesta, por sí sola, tiene buenas razones, pero es insuficiente y también

---

[18] Para un desarrollo mayor de ambos puntos, véase el primer capítulo de este libro: «Dos propuestas para el siglo XXI».

peligrosa. Habrá que tocar muchas teclas para resolver el problema del trabajo para todos y, sin duda, la de ofrecer y promover el trabajo a tiempo parcial es una de ellas. Reparte el trabajo y permite compaginarlo con otras obligaciones. Lo que no es aceptable es que sea la mujer la que tenga que aceptar esa modalidad como buena para ella y no para los demás. No es aceptable y es una muestra más de que las decisiones importantes aún no las toman mayoritariamente mujeres.

La familia también necesita protección. La necesitan los niños, los viejos, los enfermos, todos los que obtienen de la estructura familiar unos beneficios que no puede dar sino ella. Esto es evidente. Por ello no lo es que esa protección se busque exclusivamente fuera de la familia, como algunas feministas reclaman a veces. Ya hay más ayudas extrafamiliares: los servicios de canguros, mensajeros, profesores auxiliares, empleadas del hogar, crecen y proliferan de forma variopinta. Pero no todo pueden hacerlo manos ajenas y pagadas. Hay momentos en que el padre o la madre son insustituibles. Ambos, o uno de ellos —repito—, no siempre la madre. Si esa responsabilidad compartida se asume, podremos decir: bienvenido sea el trabajo a tiempo parcial, pero no sólo para las mujeres, sino para hombres y mujeres. Acabará beneficiando a todos. No sólo porque la mujer se sentirá finalmente más igual al hombre, sino porque éste hará suya esa ética del cuidado que es un complemento absolutamente necesario de la ética de la justicia[19]. Trabajar menos horas significa disponer de más tiempo para la educación, para atender a las enfermedades de los hijos y los padres ancianos, para cuidar a los que lo necesitan. Significa también disponer de más tiempo para un ocio no exclusivamente consumista. Pero para el que hay que estar preparado. Si se puede repartir el tiempo de trabajo, se puede repartir también el tiempo libre. Ésta es la cuestión fundamental. Y no quisiera pecar de ingenua al decir que la crisis del mercado laboral, que obligará a reestructurar muchas cosas, puede

---

[19] Véase, más adelante, el capítulo dedicado a la «ética del cuidado».

ayudar, si se sabe orientar convenientemente, a culminar la revolución del reparto de trabajo en la vida cotidiana. Es de esta manera, desde abajo y desde la cotidianidad, desde donde podemos romper la estructura patriarcal de nuestras instituciones.

Tal vez uno de los elementos que hay que tener en cuenta para desmontar la estructura patriarcal del pensamiento político es la perspectiva individualista del discurso moderno. El *cogito* cartesiano y el «individualismo posesivo» hobbesiano marcaron una vía que hacía difícil explicar la racionalidad de la vida en común. Hanna Arendt denuncia la centralidad del *animal laborans* en las sociedades modernas: es el punto de vista de un «yo» y no de un «nosotros». Un punto de vista individualista desde el que es casi imposible pensar y construir la vida pública[20]. La teoría feminista está en mejores condiciones para atender al pluralismo, y a la diferencia que implica el pluralismo.

No entiendo ese pluralismo como la proliferación de grupos cerrados en sí mismos, sino como una visión más cercana a la realidad de las necesidades políticas y sociales, que propicie el fin de muchas inercias y endogamias del discurso político oficial. Si uno de los temas recurrentes en este libro, y en el feminismo de ahora, es la idea de que «lo privado es político», obviamente entender la política desde la pluralidad de intereses tendrá que significar abrirla a posibilidades que hoy quedan al margen de ella porque se consideran privadas. Decía más arriba que las mujeres, como empleadas y usuarias del estado de bienestar, conocen bien los defectos más sobresalientes de ese estado. Uno de ellos es la deshumanización de los servicios, la frialdad de la administración, la distancia que establece entre ella y los ciudadanos. Los valores fríos del universalismo ilustrado y de los derechos humanos han de recibir el complemento de valores más cálidos.

---

[20] Cfr. Mary G. Dietz, «Hanna Arendt and Feminist Politics», en M. L. Shanley & C. Pateman, *Feminist Interpretations and Political Theory,* Princeton University Press, 1991, págs. 232-252.

Los valores cálidos son los que aparecen en estructuras pequeñas y privadas, como la familia. Difícilmente se muestran en la política. Por eso hoy pensamos que la renovación de la política no puede venir sólo de iniciativas de los partidos —que son las estructuras que vertebran las políticas democráticas actuales—, sino que tiene que ser impulsada también por la sociedad. Creo más en la invasión de la política por la sociedad que en la apertura de aquélla hacia ésta —la política de partidos, quiero decir, que es la que se encierra en sí misma. Y creo que esa invasión han de empujarla personas o grupos conocedores de los conflictos sociales e implicados en ellos. Que lo privado es político significa que muchas cuestiones no pueden resolverse sólo en la privacidad o desde la individualidad, que necesitan respuestas colectivas. Respuestas que no vendrán de debates o de propuestas hechas por los parlamentos o los partidos políticos, sino de movimientos ciudadanos comprometidos con sus propios problemas. Hace tiempo que los movimientos sociales —entre los que el feminismo es pionero— se presentan como la alternativa a la política de partidos. Seguramente es así, pero no para que esos movimientos copien exactamente lo que han hecho hasta ahora los partidos, sino para complementar lo que éstos y la política que depende de ellos no acierta a hacer.

TRABAJAR DE OTRA FORMA

Volviendo al trabajo y al empleo, creo que no sólo estamos viviendo una crisis del mercado laboral. Estamos siendo testigos de un cambio radical en la forma de concebir y entender el trabajo. El modelo de trabajo propio de la sociedad industrial tiene tres características: 1) vinculación a una profesión; 2) trabajo a tiempo completo; 3) la jubilación como fin de la edad laboral. Al parecer, ninguna de las tres características sirve para los tiempos que se avecinan.

En primer lugar, a nuestros jóvenes se les dice que para encontrar trabajo no deben pensar en ser buenos profesionales, sino en ser emprendedores. Hay que inventar nuevos servicios, crear empresas, nuevos modos de trabajar. Las profesiones de toda la vida se están quedando obsoletas. Ya casi nadie podrá pretender empezar a trabajar y jubilarse en una misma empresa. El trabajo del futuro es más versátil, más móvil, exige mucha más flexibilidad y capacidad de adaptación. Unos cuantos conocimientos sólidos, por supuesto, pero sobre todo ganas de seguir formándose, son la mejor preparación.

El segundo requisito que se nos queda anticuado es el trabajo a tiempo completo. Deriva del modelo masculino de trabajador como único sostén familiar. La jornada de ocho horas se logró cuando la mitad de los ciudadanos no tenía un trabajo remunerado. Cambiada esa circunstancia, la aspiración al tiempo laboral completo por parte de todos y todas es tan incompatible con el pleno empleo como con las obligaciones familiares.

En cuanto al tercer punto, la jubilación a los sesenta y cinco años como culminación de la vida activa no tiene mucho sentido y es una frustración en unos tiempos en que a los sesenta y cinco años nadie se siente viejo ni incapacitado para seguir trabajando. Habrá que idear trabajos de otro tipo que permitan seguir teniendo ocupados a los pensionistas sin condenarlos a la inutilidad a que los conduce nuestro estado protector.

Seguramente las mujeres están en mejores condiciones que los hombres para entender este nuevo modelo de trabajo[21]. Es un modelo de trabajo más acorde con el «tiempo reproductivo» y más alejado de ese «tiempo productivo» que los hombres moldearon a su medida. La flexibilidad profesional, el tiempo parcial, incluso la ocupación posjubilación son características que siempre han acompañado al trabajo que han querido para sí las mujeres.

---

[21] Maravillas Rojo es una ferviente defensora de algunas de estas ideas. Véanse, por ejemplo, sus artículos «La mujer transforma el empleo» *(La Vanguardia,* 3-3-97); «El emprender en Barcelona» *(El País,* 31-3-97); «La Europa del empleo desde las ciudades» *(El País,* 22-6-97).

Helga M. Hernes, en el texto citado, distingue entre un «tiempo cíclico», no planificable, y un «tiempo lineal» sometido a la organización política. El tiempo cíclico no puede desaparecer. Y es evidente que entre ambos tiempos hay conflicto, no son compatibles. Es el conflicto que hace que las mujeres sientan más «la falta de tiempo» para hacer otras cosas distintas de las «profesionales»: desde cuidar a sus hijos a reciclarse y formarse. Generalizar siempre es un error, pero no creo equivocarme mucho al decir que, en general, las mujeres siempre han preferido tener tiempo a tener dinero. Ahora bien, ¿es imprescindible mantener esa dicotomía? Ya que tiene que disminuir necesariamente el tiempo de trabajo, ¿por qué no aprovechar esa oportunidad en beneficio de todos, para ganar a la vez tiempo y dinero?

Para acabar, la mujer puede y debería tener un papel destacado en la reforma del estado de bienestar. No para suplir lo que el estado no puede hacer, sino para empeñarse en corregir los estereotipos y las dicotomías que derivan de la separación entre lo privado y lo público. La igualdad no debe estar excluida de lo personal y privado. El nuevo modelo de trabajo que se nos viene encima puede contribuir, si sabemos utilizarlo, a mejorar la contradicción en que estamos.

IV

La familia, a salvo

En el año internacional de la familia, la ONU produjo un eslogan que, a su juicio, definía la institución familiar: «la democracia más pequeña en el corazón de la sociedad». ¿Democracia, la familia? Aun partiendo del supuesto de que la democracia no es perfecta, que es sólo un ideal, una utopía que sólo poco a poco se va realizando, aun así hay que echarle mucho *wishful thinking* para considerar a la familia como una democracia. En la familia, la igualdad, que es la esencia de la democracia, no existe ni debe existir. La relación entre padres e hijos tiene que ser asimétrica. Es esa relación de dependencia, sometimiento y necesidad de afecto y protección la que hace de la familia una institución imprescindible: cuida a los menores de una forma completa, personal y directa, como ninguna institución social o estatal podría hacer.

Los niños, indefensos y vulnerables por edad, están en una situación de inferioridad. Pero no son los únicos. También lo está la mujer, sin que, en tal caso, la inferioridad tenga otra explicación que la de su condición ancestral de sometimiento. Es cierto que la familia ha evolucionado mucho. Tanto que uno de los temas de discusión básico durante el año internacional de la familia fue el de los distintos tipos de familia: ¿nuclear, monoparental, heterosexual, homosexual?, ¿cuál es la buena?, ¿merecen todas el mismo reconocimiento? Sin embargo, a pesar de la evolución, se diría que, en ella, no sólo la discriminación persiste, sino que se mantiene con más tenacidad que en otros ámbitos de la sociedad. Más que en el trabajo, más que en la enseñanza, más que en el acceso a la vida profesional, más que en la política. Y no es raro que así sea. La familia es imprescindible y, en la medida en que lo es, sus conflictos no se cuestionan a fondo. Sólo se intenta, superficialmente, que no desaparezca porque su desaparición sería trágica, impensable. Sí, impensable, pese a sus transformaciones y modalidades. Por otra parte, la familia escapa a las consideraciones éticas y jurídicas o políticas sobre la justicia. Muchos suscribirían la afirmación de Rawls: «de algún modo, presumo que la familia es justa». Se da por supuesto que lo es y, en cualquier caso, si no lo fuera, la culpa nunca sería del estado, sino de los individuos que la forman y componen. La familia pertenece al ámbito de lo privado.

En este capítulo me propongo repasar tres ideas. Primero, que la evolución de la familia, en los últimos siglos, la ha llevado a un estado, el actual, que nos parece avanzado pero que, en realidad, deja aún mucho que desear para el progreso de la condición femenina. Segundo, la confusión sobre la familia es una dimensión más —tal vez la fundamental— de la dicotomía entre lo público y lo privado con la consiguiente despreocupación por el ámbito privado. Si la familia escapa a las consideraciones de la justicia, el papel de la mujer en ella no es un tema en el que deba intervenir el estado. Finalmente, la imagen retrógrada de la familia, perpetuadora de discriminaciones, afecta muy negativamente a la educación de los hijos y neutraliza muchos de los esfuerzos en coeducación o en educación asexuada que se proponen y se llevan a cabo desde el sistema educativo.

De la familia-comunidad a la familia-asociación

Tomo el título de este apartado de una idea del sociólogo Lluís Flaquer, uno de nuestros máximos especialistas en sociología de la familia. La familia nuclear, en efecto, ha ido evolucionando hacia una privatización cada vez más acentuada de su estructura, de sus espacios y de las formas de vida de sus miembros. La familia rural, que era la «unidad de producción y de consumo», ha dado paso a un modelo de familia mucho menos denso, limitado a los padres y a los hijos hasta la edad laboral (en estos momentos: hasta que se les da la ocasión de un trabajo medianamente estable). Arquitectónicamente, las viviendas se han ido transformando al ritmo de los adelantos tecnológicos y de las nuevas necesidades generadas por ellos. El agua corriente, la electricidad, los sanitarios, la diversidad de habitaciones han ido facilitando y promoviendo el aislamiento individual y la independencia de los miembros de la familia. El paso de la vivienda donde el centro y casi la estancia única era el hogar a las viviendas actuales con habitaciones individualizadas para cada actividad, es muy reciente. Según los datos de George Duby[22], en 1954, sólo el 58,4% de las viviendas francesas tenía agua corriente; en 1973, la tenían ya el 97%.

La escolarización obligatoria y la prolongación en el tiempo de la enseñanza han reducido asimismo las funciones y el papel que la familia había ido desempeñando. La socialización se ha hecho más homogénea, a pesar de que el sistema educativo reproduce y refleja las diferencias y desigualdades sociales. En la escuela se produce un aprendizaje que la familia es incapaz de dar. La escuela es más impersonal, tiene otro tipo de autoridad que hace más eficaces las normas y la transmisión de ciertos conocimientos. La familia, por el contrario, se mantiene como el reducto de la intimidad, una reserva de afecto y cuidado que sólo ella es capaz de dispensar satisfactoriamente.

De algún modo, la familia es la única comunidad a salvo en la sociedad individualizada y atomizada de nuestro tiempo. Aun así, tampoco ella es inmune a la progresión del individualismo y de la autonomía de la persona. También ella —o quienes la componen— se ha atomizado e individualizado, como lo ponen de manifiesto, creo, las características siguientes.

---

[22] G. Duby, *Historia de la vida privada,* Barcelona, Crítica.

1. El creciente bienestar de las sociedades avanzadas, la expansión de las necesidades que es posible satisfacer, llevan a un tipo de vivienda donde a cada individuo le es cada vez más fácil contar con una «habitación propia». La primera conquista fue la de tener una cama individual (todavía los de mi generación recordamos haber compartido de niños ocasionalmente las famosas camas de seis palmos, lo que hoy sería una ridícula cama de matrimonio); luego vino la habitación individual; finalmente, la tele, el aparato de música, el teléfono, el ordenador, todo de uso personal. Cada vez les es más sencillo a los niños y a las mujeres, por ese orden, aislarse del resto de la familia. Los hombres nunca tuvieron que hacerlo: la distribución de la casa y sus dependencias la hacían ellos.

2. La inferioridad jurídica de la mujer va desapareciendo. Ya no es preciso el permiso marital para obtener el pasaporte, abrir cuentas bancarias o pedir una hipoteca. Pero, como explicaré luego, la igualdad es mayormente jurídica, y aun así, insuficiente. Es cierto que la mujer tiene, de algún modo, el poder de la vida doméstica: organiza la crianza y el cuidado de los hijos, tiene incluso más capacidad de decisión sobre temas como la educación, la escuela o la asistencia médica. Pero su poder se limita a aquellas cuestiones que el hombre no juzga complejas o trascendentales; sí parecen serlo, por el contrario, el destino de las vacaciones familiares o la compra del coche: éstas siguen siendo decisiones no delegadas en la madre.

3. La distribución de las tareas domésticas va mejorando, aunque a ritmo lentísimo, y es todavía una distribución inaceptable e injusta. Es cierto que el acceso de las jóvenes a la formación y a la vida profesional determina una relación de pareja más igualitaria y equitativa en el reparto del trabajo doméstico. Puesto que con un solo sueldo es imposible sobrevivir, la cooperación en el salario hace incuestionable la cooperación en otras obligaciones. Aun así, la diferencia biológica de la mujer y un montón de costumbres que a ella misma le pasan desapercibidas, hacen que pervivan y se mantengan desigualdades bastante penosas.

4. La relación autoritaria de los padres con respecto a los hijos se ha relajado considerablemente. Tanto, que no sólo ha sido barrido el autoritarismo, sino también la autoridad. Lo cual no es bueno. La influencia de los padres en los hijos se concentra casi exclusivamente en los estudios, cuando pueden hacerlo. Todo lo demás es libre y sigue las inercias que la sociedad o el mercado van indicando. El empleo del tiempo libre, las relaciones sexuales, la edad del matrimonio o de la procreación siguen pautas más dirigidas por las modas y por el espíritu de tribu que por los modelos familiares.

5. La infancia está hiperprotegida, jurídica y familiarmente. Las leyes de protección de la infancia proliferan. Los padres no saben resistirse a las continuas demandas de sus hijos, incitadas todas por la publicidad y la televisión. Han empezado a darse casos de hijos que requieren judicialmente «divorciarse» de sus padres porque éstos no cumplen con sus obligaciones paternales[23].

La situación de cada uno de los estamentos que forman el complejo familiar —padre, madre, hijos— la describe muy bien el psiquiatra Luis Rojas Marcos en un libro reciente sobre el tema[24]. Los tres primeros capítulos llevan los títulos: «La buena madre», «El hambre de padre» y «El poder de nuestros niños». En efecto, la madre no ha sabido desprenderse de su papel de *femme à tout faire,* el padre no llega a hacerse más presente en la vida familiar, mientras los hijos se aprovechan tiránicamente de las inseguridades de unos y otros.

---

[23] La superprotección de la infancia no impide, sin embargo, canalladas como la pederastia incluso —o más aún— en sociedades desarrolladas. En cuanto se descubre una red de profesionales del comercio con niños se señalan en seguida vacíos legales que hay que llenar. No creo que haya que ir por ahí. Las leyes son suficientes si se aplican con voluntad de acabar con plagas como ésa. Lo que suele ocurrir es que, o bien falla la diligencia derivada del reconocimiento de la gravedad del problema, o bien hay timidez para intervenir en asuntos sobre los que el liberalismo sacrosanto tiende a ser permisivo.

[24] Luis Rojas Marcos, *La pareja rota,* Madrid, Espasa, 1994.

6. Finalmente, el matrimonio no tiene ya mucho que ver con la formación de una familia. Aquello de «en la salud y en la enfermedad y hasta que la muerte nos separe» pasó a mejor vida. Los anticonceptivos permiten separar la sexualidad de la procreación. La normalización del divorcio permite romper la familia y rehacerla. Las parejas jóvenes prefieren la cohabitación al matrimonio, por lo menos durante unos años. Los homosexuales quieren tener familia y la fecundación asistida les ayuda. Los modelos de familia son diversos y variados.

Individualismo, tolerancia, ¿justicia?

La moral familiar se privatiza. De lo que ocurre en la familia sólo hay que dar cuenta interna e íntimamente a los afectados, si éstos lo solicitan. A la sociedad no debe importarle. Si el estado o la ley intervienen es sólo para evitar posibles daños, mayormente físicos, que son los verificables: malos tratos, violaciones, abandonos. Lo demás es privado. Desaparecidos los intereses de la familia que fueron importantes cuando la familia constituía la unidad patrimonial, sólo existen intereses individuales. De ahí que abunden las familias monoparentales: si lo que más vale es el individuo, cuanto más reducido sea el núcleo familiar, más claro aparece ese valor.

Es decir, que con la evolución de la estructura familiar han emergido en la familia todos los valores que acompañan el triunfo del individuo aupado por las sociedades liberales. Pero ese individualismo, bueno en principio, produce paradojas y contradicciones que hay que valorar y analizar con calma y con lupa. Entre otras cosas, la primacía del individuo debería estar amenazando de muerte a la misma estructura familiar. Y si no lo hace con más contundencia es porque la mujer sigue siendo en ella «la buena madre», sigue siendo un signo evidente de la perpetuación de la desigualdad.

Antes citaba una frase del filósofo de la justicia, John

Rawls: «presumo que la familia es justa». Rawls siempre ha contado a la familia entre lo que él llama «las estructuras básicas de la sociedad», esas estructuras que, según su propia teoría, deben hacer suyos los principios de la justicia. Sin embargo, la familia es privada y, por lo tanto, aun siendo una estructura fundamental, escapa a las intervenciones públicas del estado. En efecto, dice el mismo autor, «lo político es distinto de lo familiar, que tiene una dimensión afectiva de la que carece lo político»[25]. No sólo es distinto por la dimensión del afecto que, en principio, la familia prodiga, sino que la gente tiene opiniones muy dispares en lo que se refiere al género y, por lo tanto, también en lo que se refiere a la organización familiar. El respeto al pluralismo obliga, en consecuencia, a no considerar la estructura familiar como uno de esos mínimos públicos que han de ser necesariamente compartidos por todos los miembros de la sociedad.

Rawls basa su teoría de la justicia en una distinción que la filosofía política contemporánea tiene muy clara: la separación de «lo justo» y «lo bueno». De acuerdo con ella, es misión del estado poner las condiciones justas para que cada cual pueda hacer uso de su libertad y escoger la forma de vida que más le plazca. La función del estado es, así, hacer justicia, no determinar ni decidir qué debe ser bueno para los ciudadanos. Entre los bienes básicos que constituyen «lo justo» están los derechos civiles y políticos, el reparto del poder, una renta mínima, la movilidad social, las condiciones sociales de la autoestima personal. Es decir, cosas bastante vagas e imprecisas que, de un modo u otro, traducen lo que ya dice la declaración de derechos humanos. Eso es lo público, lo que ha de ser consensuado y equitativamente distribuido. En cambio, la religión, la estructura familiar, el sistema educativo, la ideología política son expresiones de la diversidad y el pluralismo social. El estado no debe entrometerse en esas cuestiones.

---

[25] Véase, sobre todo, John Rawls, *El liberalismo político,* Barcelona, Crítica, 1997, págs. XXIX y 169.

Por eso el estado ha de aceptar la familia como es o como sea en el futuro. Si la familia reproduce la desigualdad genérica, el problema será de sus miembros que aceptan esa desigualdad. El estado tiene otros dominios —públicos— desde donde combatir las discriminaciones: reformas legislativas, prestaciones sociales, promoción de la ocupación laboral de la mujer. Ésos son los temas que pueden ser regulados públicamente. No pueden serlo, en cambio, las relaciones familiares.

No estoy en contra de frenar las intervenciones del estado y reducirlas a los mínimos que requieran los principios de la justicia. Pero esa distinción entre lo público y lo privado —lo justo y lo bueno— lo que pone de relieve son los obstáculos para transformar las estructuras privadas. Los modelos de familia cambian, la familia se atomiza y se individualiza, pero la condición de sumisión y dependencia de la mujer no desaparece. Desaparece jurídicamente, pero no realmente. La ley protege a la mujer contra los malos tratos, despenaliza parcialmente el aborto atenuando la impotencia de la mujer frente a embarazos no queridos, persigue ciertas formas de prostitución y de pornografía. Pero el supuesto de todas estas realidades que afectan a la posibilidad de autoestima de la mujer —una de las condiciones de la igualdad y de la justicia, según Rawls— es que la mujer puede ser maltratada, procrear sin quererlo, ser objeto de prostitución. Puede serlo porque lo es de hecho. A la mujer le ocurren cosas que no suelen ocurrirle al varón. Por eso necesita una protección especial, protección, sin embargo, que no arranca la raíz de la desigualdad y, lo que es peor, de la inferioridad. No arranca la posibilidad misma de que tales vejaciones se den.

Si no la entiendo mal, por ahí va la queja de Catharine Mac Kinnon en su original «teoría feminista del estado»[26]. Piensa Mac Kinnon que la forma estatal que conocemos deriva de un prejuicio masculino que no acaba de ser visto como tal. Dicho punto de vista masculino produce unas le-

---

[26] *Hacia una teoría feminista del estado,* Madrid, Cátedra, 1995.

yes que, a su vez, suponen una igualdad ficticia. Por ejemplo, «la ley sobre la violación supone que el consentimiento al sexo es tan real para las mujeres como lo es para los hombres. La ley sobre la intimidad supone que las mujeres en la intimidad tienen la misma intimidad que los hombres. La ley sobre la obscenidad supone que las mujeres tienen el mismo acceso a la expresión que los hombres. La ley sobre la igualdad supone que las mujeres son ya socialmente iguales a los hombres. Sólo en la medida en que las mujeres han conseguido ya la igualdad social respalda la ley general de la igualdad sus afirmaciones de desigualdad. Las leyes de la violación, el aborto, la obscenidad y la discriminación sexual demuestran que la relación entre objetificación, entendida como proceso básico de la subordinación de las mujeres, y el poder del estado es la relación entre lo personal y lo político en el ámbito del gobierno»[27].

He citado largamente a Mac Kinnon para dar una muestra de la dificultad expositiva de la jurista estadounidense. La idea de fondo creo, sin embargo, que está clara: el estado nunca actúa inocentemente ni desde la neutralidad, porque el estado han sido, hasta hace muy poco, sólo los hombres. El patrón con el que se miden las discriminaciones es el dominio masculino que, sin embargo, desaparece o no es visto como tal dominio porque él mismo es la medida. Así, se pretende corregir la discriminación simplemente reparando daños que las mujeres sufren porque no son libres, porque el significado social de su sexualidad y de su género es, en su caso, una desventaja. El género —dice Mac Kinnon— se vive como si perteneciera al ámbito de la ontología, cuando es epistemología, es una construcción social. Cuando se califica la pornografía como «una forma de la libertad de expresión» se está cayendo de bruces en la indeterminación y en la confusión propia del pensamiento liberal.

A su modo, Mac Kinnon incide en la denuncia que hemos ido reproduciendo a lo largo de este libro. Denuncia del liberalismo por su ocultación de la inferioridad de la mujer.

---

[27] *Ibíd.*, págs. 301-302.

La igualdad de derechos es, desde tal perspectiva, una igualdad formal. Los derechos son masculinos, son los derechos de los hombres. Las leyes que los desarrollan no establecen el punto de vista de las mujeres. Incluso la declaración de los derechos de la mujer no es sino el reconocimiento de aquellos derechos que los hombres no tienen por qué reclamar ya que su realidad es otra.

El feminismo tradicional, al exigir bien la identidad o bien la diferencia no corrige, sino asume sin cuestionarlo, el patrón masculino. Desde el punto de vista establecido como universal, pero parcial de hecho, las mujeres exigen o la identidad con aquellos derechos o el reconocimiento de su diferencia biológica. Según Mac Kinnon, tal enfoque es sólo consecuencia del modelo liberal universalista que separa lo público de lo privado. Así, las feministas reclamarán igualdad o identidad en lo público, diferencia en lo privado.

Aunque sea para llegar a otras conclusiones, Amelia Valcárcel hace un análisis parecido al de Mac Kinnon cuando afirma —con menos recovecos que ésta— que «pensar el sexo es pensar el poder». Es así —sigue diciendo— porque el varón no se concibe a sí mismo como sexo. Nunca tuvo que hacerlo. El sexo son ellas. Lo propio de la especie humana es lo masculino, mientras lo femenino siempre se construye[28].

El problema es cómo deconstruir el imaginario y sustituirlo por otro que pueda ser auténticamente universal. Tengo la impresión de que la crítica de Mac Kinnon es tan radical como imposible es atenerse a sus dictados. Nos pide que prescindamos de la epistemología que ha construido el modelo de estado y de derechos básicos porque es masculina. Pero ¿desde dónde vamos a construir la epistemología propia de las mujeres? Si todo es construcción social, lo único que cabe es ir revisando y corrigiendo esas construcciones, desde ellas mismas, no desde una supuesta construcción que nunca fue y que, por lo tanto, desconocemos porque no

---

[28] Amelia Valcárcel, *La política de las mujeres,* Madrid, Cátedra, 1997.

existe. Sólo la mujer es violada y maltratada, dice nuestra autora. Penalizando las violaciones sólo conseguimos castigar a quien hace lo que, de hecho, *puede* hacer. Lo bueno sería arrebatarle ese poder. Me pregunto si hay otra forma de arrebatárselo que no sea la de penalizarlo. Pese a todo, y sin acabar de compartir el radicalismo de Mac Kinnon, me gusta su propuesta alternativa. Descendiendo de la teoría epistemológica —que no es lo suyo— a la práctica jurídica —que sí lo es— aboga por una «jurisprudencia feminista» (¡santa idea, ahora que hay tantas mujeres juezas!) contra el poder masculino. Pues «tanto la visión liberal como la de izquierdas racionalizan el poder masculino afirmando que no existe, que la igualdad entre los sexos (admitiendo un espacio para las correcciones marginales) es la norma básica de la sociedad y su descripción fundamental. Sólo la jurisprudencia feminista ve que el poder masculino existe y que no existe la igualdad sexual, porque sólo el feminismo alcanza a ver en qué medida el antifeminismo es misoginia y que ambos son normativos tanto como son empíricos. Así, la masculinidad aparece como posición específica, no sólo como son las cosas, con sus juicios y particularidades revelados en procesos y procedimientos, sentencias y legislación»[29].

Es decir, las sentencias que hacen los jueces no ven la realidad de las cosas. ¿La ven las sentencias hechas por juezas? Lo que dice Mac Kinnon es que están en condiciones de verla. Si, desde el punto de vista masculino, la pornografía es vista como forma de la libertad de expresión, la mujer, en cambio, se pregunta por qué el hombre puede hacer uso de esa libertad cuando la mujer no puede. El problema es de poder. ¿Cómo variar esa asimetría del poder? ¿Cómo cambiarla no sólo en lo público sino en aquellos espacios que se declaran inmunes a intervenciones del estado porque, como le ocurre a la familia, son privados?

Lo que sí pone de manifiesto la teoría de Mac Kinnon

---

[29] *Ibíd.*, pág. 445.

—y eso no sobra— es la dificultad que tiene la mujer para mejorar su condición cuando, aparentemente, las circunstancias han cambiado mucho y las leyes están a su favor. La familia —decíamos antes— se atomiza, los espacios individuales aumentan. Sin embargo, la mujer no acaba de tener esa «habitación propia» que sus hijos ya tienen. La mujer trabaja, la joven está tan formada como el joven, pero ella lo tiene más difícil que él: más difícil si quiere tener hijos (porque es ella la que «debe» querer o no querer tenerlos), más difícil si quiere trabajar (porque «puede» no querer trabajar). Nadie cuestiona ni duda, en cambio, que el varón «quiera» trabajar. Tiene que hacerlo.

Estamos en un terreno de cambio de construcciones sociales, de mentalidades, de actitudes o de epistemologías, que no se resuelve sólo con leyes, porque la guerra que hay que hacer es bastante más compleja. No meterse en ella supone perpetuar la ambigüedad respecto a la familia: cambian los modelos pero las dominaciones son las de siempre. No verlo así es resignarse a transformaciones parciales y laterales y, en definitiva, aceptar la transmisión a las generaciones nuevas de las mismas desigualdades y las mismas injusticias.

LA FAMILIA EDUCADORA

Rawls, pese a mantener a la familia al margen de las cuestiones de la justicia, reconoce que ciertas familias transmiten concepciones jerárquicas de los sexos como si fueran naturales. Dado lo cual, se hace difícil que la niña o la mujer pueda llegar a verse como ciudadana libre e igual, que pueda contribuir a corregir la perspectiva masculina que le han inculcado.

El mismo filósofo añade que hace falta, por lo menos, una educación pública obligatoria y universal. Es importante que las personas —hombres y mujeres— adquieran las virtudes cívicas necesarias para actuar como ciudadanos y ciudadanas. Esa educación, sin embargo, no sólo puede ser función de la escuela. El papel de la familia será fundamental. Pero Rawls no va tan lejos. Sólo insiste en la necesidad de que haya algún tipo de educación cívica.

Rawls no va muy allá porque cae de nuevo en el punto de vista dominante y masculino, que es el del universalismo liberal. Pide, en efecto, la misma educación para todos y todas, dando por supuesto, pues, que por naturaleza somos iguales. Quizá por naturaleza lo seamos, pero culturalmente, no, y eso es lo que cuenta a la hora de cambiar cosas. Por lo tanto, si la educación es necesaria y fundamental —porque pretender no educar es influir igualmente en un sentido o en otro—, esa educación no tendrá que ser igual sino distinta. Quizá sea éste el primer paso para corregir el punto de vista masculino.

¿Educación distinta? ¿No es una idea contradictoria con el espíritu de eso que llamamos «coeducación»? Tal vez lo sea. Pero lo cierto es que la coeducación no está dando los resultados esperados. Siempre me he preguntado —y seguro que otras se lo han preguntado antes que yo— cómo se explica que, estando la educación, en especial la infantil, casi exclusivamente en manos de mujeres, sus efectos sigan siendo un reflejo de esa sociedad masculinizada de la que las mujeres quieren librarse. Una respuesta, quizá fácil y demasiado general, es que cuesta mucho romper los vicios sociales y romper en poco tiempo lo que se ha estado construyendo durante siglos. Sin duda eso ocurre. Las mujeres educadoras —madres, maestras, profesoras— no han cambiado suficientemente de perspectiva y perpetúan los estereotipos masculinos. No lo saben, pero lo hacen.

No lo saben hasta cierto punto, porque la historia del feminismo se encarga de explicárselo. Lo que no saben es lo que las mismas feministas no aciertan a ver, tan enraizado está en nuestras formas de vida. Recuerdo haber leído hace unos años unas declaraciones de una feminista italiana —quizá fuera Rosanna Rosanda— donde decía que habría que ver en quién pensaban las maestras cuando daban clase: ¿se estaban dirigiendo mentalmente a los alumnos o a las alumnas? Es una buena forma de plantear las traiciones del inconsciente. Una madre o una maestra, por mentalizadas que estén en asuntos feministas, reproducen actitudes que no son conscientes y están discriminando. Por eso, las cuotas femeninas han sido necesarias y siguen siéndolo. Sin ellas, no sólo los hombres se «olvidarían» de las mujeres, las propias mujeres lo harían. De la teoría a la práctica, de la fórmula a la realidad, siempre ha habido un trecho con muchas curvas que distraen de la meta. Cuando la teoría no se verifica o da resultados que parece que la falsean hay que preguntarse si lo que falla es la teoría o nuestra capacidad y habilidad para aplicarla bien.

También la educación necesita una acción positiva a favor de las mujeres. No sólo numérica, sino cualitativa. Y, no hace falta decirlo, en esta tarea es casi inútil solicitar la colaboración del hombre. Si a las mujeres les cuesta cambiar el *chip*, ¿qué se puede esperar de los hombres? Por buena que sea su voluntad, que no suele serlo, el esfuerzo en su caso es mucho mayor. La solidaridad femenina —que Amelia Valcárcel analiza y disecciona con agudeza y maestría[30]— está aquí más que justificada.

Hay mujeres que confiesan no haber sentido discriminaciones en el trabajo, en la universidad o en el ejercicio de la profesión. No he conocido a ninguna que no haya sentido y sufrido la discriminación doméstica. El lenguaje coloquial está lleno de expresiones equivocadas que utilizan complacientes los maridos solícitos: ¿te ayudo a poner la mesa?, ¿quieres que te traiga el pan?, ¿qué quieres que te haga? La que decide lo que hay que hacer siempre es ella: es la que manda en los asuntos menores. Las niñas y los niños lo oyen y lo aprenden aunque sus madres no quieran enseñárselo. Es más difícil conseguir ese cambio que, por ejemplo, el acceso de las mujeres a carreras o profesiones consideradas tradicionalmente masculinas. Ya está ocurriendo sin grandes esfuerzos. Lo otro, en cambio, avanza con desesperante lentitud.

---

[30] *Op. cit.,* capítulo VII.

Llevar la acción positiva a la vida cotidiana es quizá una de las tareas del feminismo del próximo siglo. Es lo que Mac Kinnon les pide a las juezas: que apliquen la ley obligándose a ver que la relación entre la ley y la vida —la jurisprudencia— no es igual para el hombre que para la mujer. También la educadora ha de esforzarse en entender que el talante educador ha de ser distinto. No los contenidos de la educación, que valen igual para unos y otras, sino la forma de educar. Se trataría de desarrollar una sabiduría —una *phrónesis*— peculiar y capaz de percibir lo que el entendimiento masculino no puede ver. Sigue siendo difícil que, en la escuela, el líder, por ejemplo, sea una niña. Y mientras los líderes sólo sean los niños habrá que sospechar que no se está realizando la coeducación como se debiera.

V

La ética del cuidado

La ética del cuidado es un capítulo conocido de la filosofía moral feminista. Aunque no es muy exacto hablar de
una ética feminista como tal. Lo que hay son más bien críticas diversas, desde el feminismo, a los conceptos y las perspectivas que han fundado, sobre todo desde la modernidad,
una ética racional y universal centrada en la defensa de la libertad y la igualdad. No es que el feminismo no defienda
radicalmente ambos valores o derechos, pero, como veni-
mos viendo, no siempre está de acuerdo con el modo en que
la razón patriarcal los ha sistematizado. El principio meto-
dológico del individualismo abstracto elimina toda diferencia por mor de reivindicar la igualdad o la libertad para todos. La intención quizá sea buena, pero el punto de vista
está tocado de parcialidad y por eso necesita críticas y revi-
siones sucesivas.

A grandes rasgos, creo que el discurso ético debe poner
de relieve dos asuntos básicos:

1) El descubrimiento de las dominaciones y subordina-
ciones que no han sido denunciadas con eficacia y mantienen, por lo tanto, a sectores de la humanidad discriminados.

2) El descubrimiento asimismo de valores no suficientemente «valorados», si se me permite la redundancia.
Puesto que criticamos un pensamiento unilateral o unidi-
mensional por su procedencia masculina, no es de extrañar

que el discurso desarrollado adolezca de faltas y olvidos que no son en absoluto despreciables desde un punto de vista ético.

El primer punto, la denuncia de las dominaciones y, en nuestro caso, de las sufridas por la mujer, constituyó el arranque de la militancia feminista. La vindicación de la igualdad tiene ya amplia literatura y no me propongo condensarla aquí. Básicamente, se trataba de poner de manifiesto que no debe haber normas basadas en el género, aunque la sociedad las haya dado en abundancia. No sólo normas morales, sino costumbres, hábitos que afectan a los modales, el vestido, la alimentación, la figura, la educación y un montón de cosas más. La igualdad que propugna la ética no pretende acabar con todas las diferencias normativas (aunque algunas avanzadas del feminismo sí lo pretendieron), sino eliminar aquellas diferencias que claramente discriminan. Las declaraciones de las Naciones Unidas, de los años 50 y 60, sobre los derechos de la mujer culminan un largo proceso de reconocimiento formal del derecho a la igualdad.

Pronto se vio, sin embargo, que las medidas jurídicas por la igualdad no favorecían, de hecho, a las mujeres porque partían de una asimilación irreal de la situación del hombre y la mujer. En Estados Unidos se comprobó que la ley del divorcio, que dividía la propiedad familiar igualitariamente entre los esposos, perjudicaba a la mujer dejándola en una situación económica inferior a la del marido. Tampoco está claro que favorezcan a la mujer leyes especiales, como la protección laboral por embarazo o maternidad, si contribuyen a difundir la creencia de que la mujer es una trabajadora menos segura que el varón. Incluso la persecución de la pornografía puede acabar perjudicando a la mujer si extiende la convicción de que ésta es, por naturaleza, un objeto sexual para el varón. Alison M. Jaggar se refiere a todas estas medidas y a otras, quizá no del todo comparables, para poner de manifiesto la dificultad real de una concepción de la igualdad que se traduzca en leyes y medidas contrarias a la finalidad buscada[31]. Digo no del todo comparables porque si unas se caracterizan por no distinguir y equiparar situaciones no equiparables —como una ley del divorcio favorable a la posición superior del varón en el matrimonio—, otras medidas —como la de leyes especiales para proteger la maternidad— lo que pretenden precisamente es ser una ayuda a la diferencia. Que por serlo contribuyan a ponerla de manifiesto y a difundir una percepción de la mujer desfavorable para ella, no me parece grave si, al mismo tiempo, tales leyes se acompañan de otras propuestas que ayuden a corregir tal percepción (por ejemplo, medidas fiscales favorables a la ocupación de la mujer, o estudios que demuestren que el hombre, sin tener la necesidad de parir, no deja de encontrar motivos varios de absentismo laboral tanto o más perjudiciales para el empleador que la maternidad de la mujer).

Dentro de las medidas más recientes, específicas para contrarrestar la desigualdad femenina, están las de «acción positiva» discriminadoras de la mujer pero a su favor. Ha sido un varón —hay que reconocerlo— , partícipe y portavoz de ese pensamiento liberal universalista tan criticado, John Rawls, quien ha incluido como elemento sustancial de su teoría de la justicia lo que él llama el «principio de la diferencia», esto es, la distribución desigual de los bienes básicos con el fin de favorecer a los menos favorecidos. La acción positiva, en efecto, no es sino una forma de aplicación del principio de la diferencia.

Sin duda, las leyes especiales y las acciones positivas, por contrarias que nos parezcan a la concepción, quizá más ilustrada, de la igualdad, han constituido el avance más significativo en el desarrollo del derecho a la igualdad. Pero no todo acaba ahí. La idea de «igualdad de oportunidades», que hoy es el núcleo del derecho a la igualdad, adolece de prejuicios demasiado liberales. Tiende a verse como igualdad de derechos —el mismo derecho a la educación, a la sa-

---

[31] Véase «Ética feminista: algunos temas para los años noventa», en Carme Castells (comp.), *Perspectivas feministas en teoría política,* Barcelona, Paidós, 1996, pág. 171.

nidad, al trabajo—, esto es, «igualdad en el punto de partida» y se desatiende, por el contrario, la «igualdad —o mejor: equidad— de resultados». Con lo cual la idea de igualdad de oportunidades queda falseada. La mayoría de los fracasados escolares no ha tenido las mismas oportunidades que la mayoría de los que no fracasan, a pesar de que todos hayan sido escolarizados obligatoriamente y hayan ido incluso a las mismas escuelas, cosa que tampoco suele ocurrir. La diversidad de situaciones familiares, sociales, culturales, económicas, es causa de desigualdades más profundas, que deberían instar a seguir más al individuo y a elaborar unas políticas de igualdad más «selectivas» si lo que se pretende es dar realmente a todos las mismas o parecidas oportunidades. Nuestro estado de bienestar, con todo lo que representa en términos de progreso, adolece, sin embargo, de esa cortedad en la concepción de la igualdad de oportunidades[32]. La propuesta de Marx «a cada cual según sus necesidades» no puede considerarse obsoleta de ningún modo, ni siquiera en las sociedades llamadas desarrolladas.

Pero vayamos al segundo punto, que es el que incide en lo que ha venido en llamarse «ética del cuidado». También el punto de partida de dicha modalidad de ética feminista es una crítica a esa «ética de la justicia» que, desde la imparcialidad, pretende dar las reglas precisas para las sociedades de todos los tiempos. El observador imparcial, el contrato social, el imperativo categórico, el mismo utilitarismo son todos ellos productos de una ética abstracta, individualista radical, que olvida o ignora a cantidad de individuos, pese a que pretende ser universal y abarcarlo todo. Siendo muchas —casi todas— las filósofas que critican y cuestionan la perspectiva liberal universalista, no todas lo hacen para llegar a las mismas propuestas. Una de ellas, la que quiero analizar aquí, es la de una ética centrada en el valor ignora-

---

[32] De esta cuestión he hablado en las páginas dedicadas a la educación en mi libro *El malestar de la vida pública,* Barcelona, Crítica, 1996.

do del *cuidado* como complemento de la masculina ética de la *justicia*[33].

Dos puntos de vista son los básicamente compartidos por la defensoras de la ética del cuidado, entre las que me cuento. Primero, que la ética de la justicia no da cuenta de todos los valores que una sociedad, que se llame de la moral, necesita. Segundo, y con las palabras de Noddings, la idea de que las mujeres «están mejor equipadas que los hombres para prestar cuidado y atención».

Aunque no lo parezca, las dos afirmaciones se complementan y no hay esencialismo alguno en ellas. De los tres valores que fueron bandera de la Revolución Francesa, la igualdad y la libertad han sido centrales para la concepción de la justicia y de los derechos humanos. La solidaridad —o la fraternidad: término en desuso, especialmente en los discursos feministas— quedó como una actitud que había de desarrollarse en privado bajo la forma de acciones benéficas o caritativas. He explicado en otro lugar[34], que la solidaridad y la justicia son dos virtudes totalmente complementarias. Sin actitudes solidarias la justicia no progresa y, además, es insuficiente. Pues bien, entiendo que todo el discurso en torno a la ética del cuidado no es sino un intento de poner de manifiesto la necesidad de eso que, en general, responde a la virtud de la solidaridad. Es evidente que una ética de la justicia se dirige a las instituciones sociales y políticas —Rawls lo dice clarísimo—, y trata de establecer reglas y normas generales que valgan para todos los ciudadanos. Es una ética distante con respecto al individuo concreto: no puede tener en cuenta vínculos sentimentales ni emotivos. Y está bien que así sea. La ley debe ser general. Pero no basta.

---

[33] Carol Gilligan fue la pionera en dicha propuesta con su libro *In a Different Voice. Psychological Theory and Women's Development,* Cambridge, Harvard University Press, 1982. Más centrado en el tema del cuidado es el libro de Nel Noddings, *Caring: A Feminine Approach to Ethics and Moral Education,* Berkeley, University of California Press, 1984. Yo misma traté el tema en el capítulo «El genio de las mujeres» de *Virtudes públicas,* Madrid, Espasa-Calpe, 1990.

[34] En el citado *Virtudes públicas,* cap. sobre «La solidaridad».

El individuo no sólo necesita instituciones, leyes, procedimientos justos. Necesita también afecto, ayuda, compasión, compañía, cuidado. Los seres más indefensos y vulnerables —los niños, los ancianos, los parados, los extranjeros— no sólo reclaman del otro justicia, también reclaman cercanía, aprecio, amistad.

La ética del cuidado se hace eco, hasta cierto punto, de las críticas comunitaristas a la ética liberal. En el próximo capítulo me refiero más por extenso a ellas y a sus peligros para el propio feminismo. Baste decir aquí que tales críticas no se equivocan en una cosa: el pensamiento moral ilustrado y moderno es excesivamente racionalista, no ha reparado en el valor y la importancia del sentimiento y olvida, por lo tanto, no sólo un aspecto importantísimo e irrenunciable de la sensibilidad humana, sino los *motivos* para ser moral. Como decía Hume, es el sentimiento y no la razón lo que mueve a los humanos. Si eliminamos el sentimiento del discurso moral, difícilmente conseguiremos un discurso motivador de la conducta, que es, a fin de cuentas, de lo que se trata.

Los comunitaristas tienen la vista puesta en Aristóteles y sus virtudes. Piensan, con buen criterio y con razón, que la ética no puede estar hecha sólo de normas: consiste también en actitudes y hábitos, porque debe formar el carácter. Es lo que hacen las virtudes. La ética del cuidado insiste en este aspecto. La virtud fue definida por Aristóteles como el término medio entre el exceso y el defecto. Un término medio que no puede ser el mismo para todos ni para todas las situaciones. Ser virtuoso, pues, significa estar atento a la situación concreta y no sólo a la norma general. Si la justicia habla en general, el cuidado, en cambio, sólo puede ir dirigido a esta o aquella persona, no a toda la humanidad.

El segundo punto que comparten las defensoras de una ética del cuidado es el expresado antes con las palabras de Noddings: las mujeres están mejor equipadas que los hombres para ser cuidadosas. Hay que ser muy cautos en este punto que se presta a una interpretación esencialista rechazable de plano. No se trata de propugnar esencias. No se trata de postular una naturaleza femenina específicamente «cuidadosa» o «cuidadora», sino de constatar la existencia de una cultura que no han hecho suya los hombres y, por lo mismo, no ha sido parte de la vida pública sino ha sido considerada más bien un estorbo para los comportamientos públicos. Cultura que, sin embargo, ha estado muy presente en la vida privada —la familiar, en especial— que ha sido el predio de las mujeres.

La pregunta es la siguiente: el rechazo de la sumisión y dependencia femeninas, el hecho de que esa dependencia haya forzado a la mujer a ser la cuidadora de todos los seres que necesitaban cuidado, ¿ha de llevar a rechazar el cuidado como un valor execrable y maldito? Sería una conclusión digna de Nietzsche —buen espécimen de la misoginia—: la genealogía de los valores, el descubrimiento de su procedencia, debería llevarnos a su rechazo sin más. Puesto que los valores altruistas son los propios de la esclavitud, condenémoslos sin miramientos. Y aceptemos, en cambio, los valores autoafirmativos, que son los de la autonomía y los de la libertad.

Aunque Nietzsche arremete sin piedad contra la Ilustración racionalista y universalista, él mismo es un claro epígono de los ilustrados. Lleva el individualismo al límite. Nos condena a un solipsismo insoportable. Y asocial de raíz. Imposible avanzar éticamente a partir de ahí, por mucho que podamos aprovechar su sarcasmo y sus invectivas para mejorar nuestra ética absolutista.

Pensar éticamente es pensar en los demás. Si ese pensamiento queremos que sea una práctica, debe traducirse en medidas de justicia y actitudes de cuidado. Ambas cosas son imprescindibles. Lo único que hace la ética feminista del cuidado es llamar la atención sobre el olvido del cuidado como prescripción ética básica. Olvido muy explicable si tenemos en cuenta que el cuidado ha sido prescriptivo sólo en la vida privada, allí donde lo público no llegaba ni debía llegar. Ha sido prescriptivo, por lo tanto, sólo para las mujeres. El reclamo de la ética del cuidado es una forma más de insistir en la tesis de que «lo personal es político». No sólo lo privado no debe escapar a las exigencias de igualdad, sino que los valores privados son también —deben ser también— virtudes públicas. La proliferación actual de movimiento cívicos —sociales— en forma de ONGs, asociaciones, fundaciones, ¿no están señalando que la solidaridad, el cuidado, la compasión, la bondad, son tan importantes como la justicia? Más aún, ¿no están diciendo que allí donde la justicia —excesivamente politizada y en el peor sentido— no llega, debe llegar el cuidado? No se trata, pues, de reivindicar el valor de lo que las mujeres siempre hicieron. Se trata de hacer ver la falta de ese valor como ingrediente fundamental del discurso ético y que esa falta quizá explique una parte de la inoperancia práctica de ese discurso.

Resumiendo, pues, las características de la ética del cuidado son las siguientes:

1. Añade un enfoque particularizado al enfoque abstracto y general de la ética de la justicia. Las verdades abstractas inciden poco en la práctica pese a que es más fácil consensuarlas por su abstracción. Nadie niega el valor de la solidaridad con la humanidad: el caso es con quién, en concreto, hay que solidarizarse.

2. Se encuentra en la implicación y el compromiso directo y casi personal con los otros. El amor, el cuidado, la empatía, la compasión conectan con situaciones que piden ayuda. No es el individuo autónomo, autolegislador, miembro de la «posición original» quien toma la iniciativa y establece reglas, sino la interpelación del otro necesitado que exige ser atendido.

3. Nos dice que la racionalidad debe mezclarse con la emotividad. Vuelvo a citar a Hume: la razón es esclava de las pasiones. Y eso es éticamente aprovechable.

4. No se limita a concebir la ley, sino que le interesa su aplicación situacional. ¿De qué sirven las leyes que no se aplican o que no se aplican bien? La aplicación de la ley exige virtud —la *phrónesis* aristotélica—, buenos hábitos, un carácter formado para ser justo.

5. Es una ética relacional. Más que el deber lo que im-

porta es la relación con las personas. Dicho de otra forma: hay principios, pero están al servicio de las personas.

Por supuesto, esta ética ha encontrado una objeción fundamental, derivada del mismo prejuicio racionalista y amante de la abstracción: el cuidado, o las emociones que lo mueven, son subjetivos. En efecto, las emociones son subjetivas. Tomarlas como guía de la acción moral puede ser peligroso. El cuidado, por su parte, no siempre tiene sentido moral. Hay que cuidar bien y, sobre todo, cuidarse de lo que es justo y correcto cuidar. Por consiguiente, hacen falta principios para que el cuidado sea bueno. Sin duda. Nadie rechaza la justicia para proponer en su lugar el cuidado. La objeción, pues, no vale si se entiende que la ética del cuidado no sustituye sino complementa a la de la justicia. Por otra parte, la subjetividad de las emociones no tiene mayores peligros de desvío que la abstracción de las normas y los grandes principios. ¿Qué es ser sincero? ¿Cómo se respeta la dignidad humana? ¿Qué significa que la vida es sagrada? Palabras, sólo palabras hasta que las encarnamos en una situación que nos muestra situacionalmente qué entendemos por tal valor.

EL CUIDADO EN LA BIOÉTICA

La bioética, como es sabido, es una nueva disciplina que pretende analizar y valorar los problemas actuales de la vida humana y las consecuencias en ella de fenómenos como los avances tecnológicos y la mercantilización progresiva de cualquier actividad. Dicho con brevedad, la bioética es la ética de la vida. Dicha ética se considera resumida en cuatro principios fundamentales. Dos de ellos derivados del célebre juramento hipocrático: los principios de beneficencia y no maleficencia. Y otros dos que sintetizan los valores más actuales de la ética sin más: el principio de la justicia y el principio de autonomía.

Se trata, de nuevo, de principios abstractos, universalistas, que pretenden introducir una racionalidad última en la consideración de los problemas de la vida humana. La dificultad de su aplicación es la misma que presenta cualquier artículo de un código deontológico o de una ley: no hay fórmulas para decidir su interpretación o aplicación correcta. Precisamente, con ellos se intenta acabar con la temible casuística que pretende prever todos los casos imaginables y solucionarlos de antemano. La vida humana es compleja. Parte de su complejidad deriva de que cada individuo es distinto y cada situación es única. Las situaciones más conflictivas son, además, aquellas que nos afectan más directamente porque afectan nuestra forma de entender la vida y la muerte, la enfermedad y el dolor, la libertad de la persona.

Una de las profesiones más preocupada hoy por los problemas que estudia la bioética es la enfermería. Una profesión femenina casi por definición y no en vano definida por el objetivo del «cuidado». Si al médico lo que le corresponde es curar, a la enfermera le corresponde cuidar.

Hecha la distinción anterior, distinguidos los objetivos de la medicina y la enfermería, precisado el punto de que las enfermeras son mayormente mujeres (pronto lo serán también los médicos, pero eso aún no ocurre), no ha de extrañarnos que los principios de la bioética adolezcan de los mismos prejuicios y defectos que achacamos a los derechos humanos o a los principios de la ética moderna. El valor del cuidado no aparece ni se encuentra como aspecto importante de la aplicación de los principios de la bioética. La no consideración de ese valor no hace más que ocultar situaciones realmente problemáticas. De un modo muy sucinto, me referiré a algunos de tales aspectos.

1. Los principios de no maleficencia y beneficencia suelen definirse con sendas obligaciones: no hacer daño al paciente y aplicarle el mejor tratamiento para sus intereses (y no para los intereses, por ejemplo, de la ciencia médica o para intereses más rastreros como los económicos). Ambos principios, sin embargo, no sólo deben afectar al tratamiento clínico que se dispense al paciente, sino también a la *forma* de tratarlo —o de maltratarlo—, lo cual tiene que ver con la relación de cuidado. El tratamiento es consecuencia

de un diagnóstico. No puede dejar de ser una medida general y, en consecuencia, fría y distante.

El trato directo con el enfermo es otra cosa, pero no menos esencial para el respeto al deber de hacer el bien y no hacer el mal. El trato con el paciente puede errar por acción y también por omisión: el silencio, la indiferencia son modos de escatimar el afecto, el calor, incluso el honor.

2. El principio de autonomía está mereciendo una atención inusitada en el actual desarrollo de la deontología médica. Basta echar una ojeada a cualquier código deontológico puesto al día para darse cuenta de la atención creciente dispensada a la autonomía del enfermo. Una de las concreciones del respeto a la autonomía consiste en el procedimiento llamado del «consentimiento informado». Hoy sabemos que al paciente no se le puede hacer cualquier cosa: hay que pedirle permiso, sobre todo cuando el tratamiento suscita dudas o hay tratamientos alternativos. Más aún, hay que solicitar su consentimiento si se le utiliza como objeto de ensayos clínicos. La fórmula del consentimiento informado viene a resumir la idea de que el paciente es una persona con una dignidad que debe ser respetada pese a la situación de indefensión en que se encuentra. Aunque el médico está por encima del paciente y sabe más que él —por eso su obligación es procurar no dañarle sino hacerle un bien—, aun así, el paciente tiene derecho a expresarse, a saber qué le ocurre y qué le pueden y le van a hacer.

Informar, sin embargo, no es hacer llenar un formulario, a veces malamente traducido del inglés y de la cultura norteamericana propensa como la que más a ampararse en la llamada «medicina defensiva», que significa defensiva con respecto a los jueces. No, informar bien es acercarse literalmente al que solicita información y explicarle cosas que no son fáciles de entender y que incluso pueden añadir más dolor al que ya se está sufriendo. Dar información y pedir consentimiento es un proceso largo y complicado, que exige paciencia y buena disposición. La fórmula del consentimiento informado puede ser justa, pero no basta que lo sea, hay que aplicarla con *cuidado*.

No todo, por otra parte, se reduce a ampliar el conocimiento del enfermo y solicitar su consentimiento para que el principio de autonomía se cumpla. La autonomía es la otra cara de la dignidad de la persona. Si consideramos que el paciente es autónomo es porque creemos que hay que respetarle a él y a su libertad de acción y decisión. Ahora bien, hay otras maneras de herir la dignidad del paciente, en las cuales no entra ni la información ni el consentimiento. Son maneras que tienen que ver con el cuidado, por ejemplo, en la forma de vestir al paciente, de preocuparse por la higiene de su cuerpo, de gestionar sus visitas. La autonomía de la persona también padece por defectos de cuidado.

3. La justicia sanitaria se centra en la distribución de recursos. Ya dijo Hume que la justicia era una virtud fría y celosa, lejana a la benevolencia, que es otra virtud más natural y básica. En un sistema público de sanidad es fundamental actuar con criterios de equidad que no marginen a nadie y que no marginen, sobre todo, a quienes más necesitados están de protección sanitaria. El tema no es sencillo y las variables que hay que considerar para establecer criterios de equidad nunca son evidentes ni diáfanas ni satisfacen a todos. Pero no sólo hay que tener en cuenta ese «dar a cada uno lo suyo» que siempre ha definido a la justicia. Una de las cosas más temidas por los pacientes de nuestro tiempo, sobre todo por los ancianos, es la tecnificación de la medicina, que puede conducir a prácticas de sobretratamiento. Hacer justicia no es únicamente tener un sistema de salud público formalmente equitativo —que ya es mucho—: es tratar con justeza a las personas, ajustándose a las circunstancias, necesidades y querencias de cada uno. De nuevo estamos hablando de algo más subjetivo, flexible y adaptable que la justicia. Estamos hablando del valor que acompaña a la justicia: el valor del cuidado.

En un libro precioso titulado *El enigma de la salud,* el filósofo Hans George Gadamer dice que, a su juicio, el objetivo del curar no es recuperar una salud ya imposible, sino restaurar un equilibrio perdido, una armonía que permita seguir viviendo con ganas. En esa recuperación, el filósofo de la hermenéutica —del lenguaje— ve como fundamental e imprescindible el diálogo. Puesto que curar es tratar a un ser humano y es subsumir lo particular en un diagnóstico universal, el curar es inseparable del arte de la palabra[35]. No es preciso decir que ese arte define también la práctica del cuidado.

[35] Hans George Gadamer, *The Enigma of Health,* Cambridge, Polity Press, 1996.

VI

La construcción del yo

Desde los orígenes de la filosofía sabemos que el ser humano no nace siendo esto o aquello, sino que se hace. Es potencialmente muchas cosas. «Llega a ser lo que eres», dijo el poeta Píndaro, con lo que puso los cimientos de esa ética de la *areté* o de las virtudes desarrollada por Aristóteles. La virtud de una cosa es su excelencia. También las personas han de saber encontrar su propia excelencia. Pero, para que sea posible, deben darse ciertas condiciones. Aunque la moral sea una estructura de los humanos —como explicó Aranguren—, aunque, a diferencia de los animales, el ser humano tenga que escoger su vida, aún así, a algunos humanos no les es dado escoger nada. Para escoger entre un abanico de opciones, y para escoger bien, tienen que darse unos mínimos posibles. Los resumiré en cuatro puntos que, a mi juicio, son la base y la culminación de lo que podemos llamar el sujeto moral o la identidad moral.

1. En primer lugar, el sujeto debe tener unas *identidades,* unos atributos. Además de un nombre propio, unos padres, el individuo tiene una profesión, una patria o un territorio al que pertenece, puede tener una religión, puede militar en un partido político, puede ser miembro de unos clubs y varias asociaciones. En suma, cada individuo se identifica, a lo largo de su vida, con una serie de realidades, se ubi-

ca en unos espacios, que lo definen y que le dicen a él mismo y a los demás quién es.

2. Las identidades le deparan al individuo *reconocimiento social*. Los demás nos reconocen como aquello que decimos y demostramos ser. La conciencia de sí —se ha dicho en filosofía— pasa necesariamente por la mirada del otro. Pasa por el lenguaje que hablamos. «El rebaño comunitario me define», escribió desdeñosamente Nietzsche. La sociedad, con todas sus contradicciones, construye mi conciencia, como constató y denunció Marx. «Yo soy yo y mi circunstancia», según nuestro Ortega. La sociedad es el reflejo del yo —o de la pluralidad de yoes—, y el yo, a su vez, se alimenta de ese reflejo social. El individuo ha de haber encajado, de algún modo, en una realidad externa a él para reconocerse como alguien en ella. Para ser alguien reconocible.

3. Llegar a ser lo que se es o llegar a ser uno mismo significa tener *autonomía,* crearse una identidad constituida por el complejo de atributos que han ido formando el yo. El ser maduro es el que escoge su forma de ser, discierne aquello que le gusta y quiere conservar y rechaza lo que no desea tener aunque se lo hayan dado. Hoy se habla de identidades involuntarias o «encontradas» —ser hombre o mujer, ser catalán o asturiano, ser cincuentón— e identidades «elegidas» —ser médico, tener tres hijos, ser de derechas, ser católico. Aunque es cierto que la técnica hace posible casi todo, incluido el transformar aquellas identidades que parecían intocables, es útil mantener la distinción entre aquello que normalmente se elige ser y aquello que viene dado y, en todo caso, uno debe esforzarse por rechazar si no lo quiere como propio.

Tener autonomía, en suma, significa ser auténtico, aunque ésta es una palabra excesiva para nuestras posibilidades. Digámoslo de forma más modesta: ser autónomo es orientarse más por el propio querer que por las inercias y las obligaciones externas a la voluntad.

4. De la autonomía se sigue la *responsabilidad:* responder de aquello que he hecho porque pude no haberlo hecho,

o de aquello que no hice pudiendo hacerlo; responder de la acción y de la omisión. La responsabilidad nace de un compromiso —de un contrato, han dicho más formalmente los clásicos. Puesto que el ser humano vive en sociedad, con otros, no puede decidir ser al margen de los demás. Ha de pactar mínimamente con ellos, comprometerse no sólo con su propia vida sino con la de los otros y, por consiguiente, responder ante ellos de lo que hace.

Recapitulemos. El ser que posee carácter moral, como decían los griegos —identidad moral, decimos ahora— es el que es capaz de ser autónomo y responsable, el que se ha desarrollado suficientemente como para darse las normas que quiere seguir y responder de ellas. Para conseguirlo, es indispensable tener una identidad social y gozar del reconocimiento de las mismas. Los puntos 1 y 2 son, así, condición necesaria de 3 y 4. Los seres sin identidad, sin reconocimiento social, difícilmente tendrán una personalidad moral. Aristóteles ya lo dijo: el esclavo no puede ser virtuoso, ni siquiera interesa que lo sea, tan mísera es su condición.

Veamos un poco más el proceso de formación de la identidad personal y social. «La identidad nace de la dialéctica entre individuo y sociedad», establecieron los sociólogos Berger y Luckmann en un texto clásico[36]. No decían nada no dicho antes por Hegel y Marx. La novedad es que supieron explicarlo con más precisión y menos especulación. La identidad individual —dijeron— se forma pasando por dos etapas: la socialización primaria y la socialización secundaria.

El mundo internalizado en la socialización primaria es «el mundo». El individuo acepta sin más las actitudes y los roles de los otros. Hay una equivalencia entre la autoidentificación y la identificación que le proporcionan los otros. El niño o la niña aprehenden lo que son por lo que ven, reciben y les dicen, sin cuestionarlo. Poco a poco se va produciendo

---

[36] P. Berger y T. Luckmann, *The Social Construction of Reality,* Nueva York, Doubleday, 1966 (traducción española: Buenos Aires, Amorrortu, 1968).

una abstracción de los roles y actitudes de los otros específicos —el padre, la madre, la maestra, la vecina— hacia roles y actitudes generales. Es lo que G. H. Mead llamó «el otro generalizado».

En la socialización primaria no hay problemas de identificación ni de elección de otros significantes para el individuo. El niño está donde está y no elige, se encuentra con una serie de realidades que, en principio, no discute. Al niño se le inculca, de este modo, una «estructura nómica», una serie de normas y valores que se dan por establecidos y válidos.

La socialización secundaria es la internalización no del mundo, sino de submundos institucionales basados en contingencias varias: la división del trabajo, la distribución social del conocimiento, la estratificación en clases. El niño, entonces, aprende a distinguir y a juzgar el valor de las cosas. Se da cuenta de que no todo es como es porque no puede ser de otra forma. La escuela, las profesiones, las organizaciones le muestran un mundo cambiable y accidental. En esta segunda etapa, el yo sabe distinguir entre él mismo —el «yo total»— y sus roles, frente a los que aprende a guardar una cierta distancia.

Un elemento básico de la socialización y del mantenimiento de la realidad es el diálogo. «El vehículo más importante del mantenimiento de la realidad es el diálogo», afirman los sociólogos citados, porque «ninguna experiencia es plenamente real hasta que ha sido "hablada"». La falta de diálogo —en el matrimonio, por ejemplo— es un síntoma de que el compromiso que hubo se ha quebrado. Por otra parte, los seres que no participan en el diálogo social no existen, carecen de realidad significativa. Es lo que les ha ocurrido a todos los colectivos de marginados: obreros, mujeres, pobres, negros.

Pero las socializaciones sólo son el preámbulo necesario, no suficiente, para la formación de la persona o de la identidad moral. Lo que importa «es lo que nos hace personas»[37], ad-

---

[37] Dereck Parfit, *Reasons and Persons,* Oxford University Press, 1984.

vierte el filósofo Dereck Parfit, después de explicar con detalle que el yo no es una sustancia ni una continuidad física o metafísica. Hay algo añadido que es lo que le otorga valor moral. Es decir que, más allá de sus varias identidades, por encima de todas ellas y subsumiéndolas a todas, está la identidad moral o, si queremos, la identidad *humana*. Además de ser esto o lo otro, al ser humano se le exige que sea persona, que tenga una identidad moral. Y es responsable de llegar a serlo y de mostrarlo. Lo cual significa que debe haber una manera de detectar lo que es ser auténtico, racional, humano. Que, pese a la autonomía, no se puede ser persona haciendo lo que a uno le viene en gana en cualquier momento.

Para llegar a ser persona hay que superar eso que Hegel llamó «falsa conciencia» y Marx, «alienación». Hay que dejar de estar y ser en otra cosa para poder ser uno mismo y para ser lo que se debe ser. El esclavo que no se conoce como esclavo nunca llegará a ser persona, ni siquiera querrá serlo. Esto significa que ha habido históricamente modelos de persona libre en los que se han mirado los colectivos alienados y han deseado ser como ellos. El autogobierno no puede estar desprovisto de modelos, de ideales, de referentes. Ha de inscribirse —como se dice en la jerga postmoderna— en un relato coherente y satisfactorio para uno mismo y para los demás.

Pico della Mirandola, preocupado por la consecución de la *humanitas* por parte del individuo, dijo que «la *humanitas* no es una cualidad recibida pasivamente, sino una doctrina que hay que conquistar». Pues el ser humano no tiene una naturaleza prefijada, sino que puede devenir cualquier criatura. Para orientar esa doctrina, los griegos habían hablado de virtudes, los medievales de los mandamientos divinos y los modernos de derechos y deberes. En todos los casos, se pretendió dar un cómputo de normas y directrices, unos principios y fórmulas que sirvieran de un modo definitivo para construir la *humanitas* a la que debemos acercarnos.

*

Pero hablemos de la mujer. ¿Qué tiene que ver la teoría de la identidad moral con el hecho de ser mujer y con la voluntad de serlo de un modo autónomo y libre? ¿Qué tiene que ver la identidad moral con el género?

Si lo dicho en la primera parte de este capítulo es cierto, algo se echa de ver de inmediato: la mujer se ha encontrado durante siglos siendo uno de esos individuos privados de identidades. Mejor dicho, con una sola identidad: la de ser mujer. Privada, en consecuencia, de la posibilidad de elegir lo que quería ser, privada de autonomía. Como les ocurría a los esclavos griegos, que no podían adquirir las virtudes del hombre libre porque sólo podían ser esclavos, la mujer tampoco podía acceder a las reglas del ciudadano de pleno derecho porque su papel estaba en otro lugar, en una vida privada con reglas propias y estrechas.

La cuestión no es discutible. De la constatación de que es así han partido la mayoría de vindicaciones feministas. Querer ser igual al varón significa querer tener acceso a todas las identidades y al reconocimiento social que deriva de ellas. Sin esa condición, repito, la autonomía es un engaño.

Pero esa fase de toma de conciencia de la propia inferioridad, desigualdad o alienación es ya una obviedad. Hoy tenemos que preocuparnos más bien del destino de esos seres que, por decirlo así, están estrenando ahora su desalienación y celebran su autonomía. Tenemos que preguntarnos dos cosas: 1) ¿qué está impidiendo que el camino hacia el fin buscado sea fácil?; 2) ¿qué fin es, en realidad, el que buscamos?, ¿qué identidad moral, qué personalidad queremos construir? A la primera cuestión ya me he referido por extenso en los capítulos anteriores. Es la segunda pregunta la que tiene que ver con el tema de la identidad.

Recordemos sólo por un momento ideas repetidas a lo largo de las páginas de este libro. La modernidad nos ha dado un modelo de ser humano autónomo y responsable que aún es nuestro referente moral. La ley natural, el contrato social, el imperativo categórico kantiano, los derechos humanos han configurado una serie de reglas que debe cumplir el ser humano que se precie de serlo. Pero hemos visto también que todas esas doctrinas no nos convencen. No nos convencen porque han sido pensadas por hombres y bajo la hipótesis de un individualismo que, por abstracto, es sumamente sospechoso. Sospechoso de que las reglas universalizables, de hecho, no lo sean, sino que estén favoreciendo a quienes las pensaron. Sospechoso asimismo de ignorar cosas no experimentadas por quienes han reducido el mundo a la vida pública y han desdeñado la privada. La moral nacida de sus principios concierne a las relaciones institucionales y públicas, pero afecta poco a la familia y a la vida privada. Por mucho que digamos que la moral es privada, pues finalmente manda sobre la conciencia de cada cual, ello no impide que el eje de la moral haya sido la virtud o el valor más público, que es la justicia. En el capítulo precedente a éste, he hablado del valor del cuidado. Es sólo un ejemplo de un valor ignorado por aquellos que han regulado hasta ahora las relaciones entre los humanos.

La ética contemporánea es, de algún modo, consciente de estos defectos. Una corriente dentro de la ética actual, la de los llamados «comunitaristas», denuncia la poca realidad o la poca sustancia del sujeto moral creado y propuesto por los liberales modernos. El sujeto de los derechos humanos es, para parafrasear el excelente título de Robert Musil, un «yo sin atributos», un yo que no pertenece a ninguna parte, carece de pasiones y sentimientos, no es hombre ni mujer, no es joven ni viejo. Los comunitaristas le hacen a la ética moderna e ilustrada la misma crítica que le hacen las feministas, aunque con intenciones divergentes. Una ética universalista y abstracta no sirve para nada, dicen comunitaristas como A. MacIntyre o M. Sandel[38] criticando básicamente a John Rawls. La ética no puede consistir sólo en unos principios abstractos supuestamente suscritos por todos los humanos, sino que debe nutrirse de las aspiraciones y necesidades de una comunidad concreta. Sólo viéndose y conci-

---

[38] A. MacIntyre, *After Virtue,* Londres, Duckworth, 1981 (traducción española de Amelia Valcárcel, *Tras la virtud,* Barcelona, Crítica, 1990). Michael Sandel, *Liberalism and the Limits of Justice,* Cambridge University Press, 1982.

biéndose como miembro de una comunidad, el individuo podrá sentir como propia una identidad moral. Pues el yo deriva su identidad y naturaleza de las relaciones sociales —como se decía más arriba— y sólo puede reconocerse y aprehenderse en un espacio intersubjetivo. Si abstraemos al individuo de la comunidad concreta en la que está, difícilmente le inculcaremos una identidad moral que le funcione como regla de vida.

Cuando los comunitaristas hablan de comunidad no son muy claros. Pero por lo general se refieren al tipo de comunidad que se da en la familia, en los barrios, en las naciones, en las religiones. Ven en todas estas realidades —todas conservadoras al máximo— algo que compromete al individuo y le vincula más fuertemente a los demás que la aceptación formal de unos derechos o de una constitución política. Los deberes y las obligaciones —añaden, en este caso, con buen criterio— no se aprenden ni se enseñan en abstracto, sino ante las realidades que los demandan. Uno aprende a respetar a sus padres o a sus profesores, a ser fiel a sus amigos, a ser solidario con los ruandeses que ve en televisión. El respeto, la fidelidad, la solidaridad no se aprenden en abstracto.

Aunque el diagnóstico comunitarista es atractivo y creíble, sus referentes son un mal aliado para el feminismo. Sólo la crítica a la ética universal es común a ambos discursos. También las feministas sospechan de lo que se les ha vendido como universal: sospechan de que sea realmente universal y de que sea todo lo universalizable. Sin embargo, no comparten con los comunitaristas la vinculación a la comunidad y a sus valores por el hecho de ser una comunidad. No comparten el conservadurismo que ve con simpatía la capacidad de forjar identidades sobre la base de valores y costumbres tradicionales, que es, en definitiva, lo que hacen la familia, las religiones, los nacionalismos. Tampoco comparten el apego a comunidades que corren el peligro de ser cerradas, dominantes y excluyentes. Sólo las forofas impenitentes de la *political correctness* caen en ese desvío y defienden lo propio porque es lo suyo, no porque sea mejor o peor. Pero el buen feminismo, el que se precia de mirar al futuro, no puede entenderse como el discurso de una tribu comunitaria. El buen feminismo critica lo que, desde fuera, ha querido pasar por universal y, al mismo tiempo, se muestra deseoso de no quedarse en el reducto de su propia identidad de grupo o identidad de mujer.

Precisamente, lo que los movimientos de mujeres han buscado en todo momento es ser reconocidos en y por un mundo que no es el suyo propio y exclusivo de siempre porque en él se las recluyó. Quieren acceder a otras identidades. Pero ponen dos condiciones: no renunciar a la realidad femenina, que no es el todo de su identidad pero es una parte estimable de la misma; no ser reconocidas solamente como parte de una cuota femenina que se respeta porque está bien vista, pero es sólo un formalismo. Quieren seguir siendo mujeres, pero no que se las vea y se las identifique exclusivamente como mujeres. No quieren oír más el «aquí falta una mujer», como garantía democrática. Para ello, la sociedad no sólo ha de abrirles las puertas, sino abrírselas sin reparos, es decir, aceptando de entrada que un mundo con mujeres en la vida pública no será el mismo que fue sin ellas. Que la revolución de las mujeres, para ser total y satisfactoria ha de hacer cambiar a toda la sociedad.

Hasta hace poco, la mujer se encontraba con una identidad que le impedía acceder a las identidades «elegidas». Ahora quiere que la primera identidad — la «encontrada»— adquiera la misma trivialidad que siempre tuvo la identidad masculina. De la identidad masculina nunca se ha hablado como algo específico y digno de atención. El hombre —el varón— era el ser humano sin más. A los hombres se les ha distinguido por sus atributos, no por ser hombres. No así a las mujeres, que son famosas primero porque son mujeres y, a continuación, porque siéndolo han sido capaces de algo digno de mención[39]. La igualdad de condiciones y de oportunidades debe pasar por la desaparición de esa diferencia.

---

[39] En el apéndice de este libro, publico el prólogo al *Diccionario de mujeres célebres* de Espasa-Calpe, que desarrolla más por extenso esta idea.

Lo que separa, pues, al comunitarismo del feminismo es que al feminismo no le interesa su propia comunidad como única fuente de identidad. Lo que pide es la apertura a comunidades o identidades «elegidas»[40]. Como ha reclamado con gracia Celia Amorós, no queremos ser «idénticas», queremos ser «iguales»[41]. Mientras nuestra única identidad sea la femenina, no lo conseguiremos. Ahora bien, ello no significa que el precio de la igualdad tenga que ser la renuncia a la identidad femenina.

Ésa es la dialéctica entre la igualdad y la diferencia en la que se debate, no siempre con acierto, el discurso de género actual. Lo que fueron mundos separados y divididos por la división del sexo y del trabajo, ha de mezclarse: lo privado y lo público, la naturaleza y la cultura, la sensibilidad y la razón, el cuidado y la justicia. Mezclarse, es decir, no renunciar a un extremo en favor del otro, ni seguir identificando cada extremo con un sólo género. La identidad moral humana no estará completa si lo que fue exclusivo del mundo de las mujeres es rechazado por inocuo o sigue siendo considerado «cosas de mujeres».

---

[40] Es interesante al respecto el artículo de Marilyn Friedman, «El feminismo y la concepción moderna de la amistad: dislocando la comunidad», en la compilación ampliamente citada de Carme Castells, *Perspectivas feministas en teoría política*.

[41] Celia Amorós, «Espacio de los iguales, espacio de las idénticas. Notas sobre poder y principio de individuación», en *Arbor,* Madrid, 1987, págs. 113-127.

VII

La *otra* gramática del poder

Todo indica que al feminismo ya no lo para nadie. La presencia de la mujer en los puestos de responsabilidad ha sido difícil y está siendo lenta, pero es un hecho. También lo es su presencia en casi todas las profesiones. De todas formas, si lo que queremos es avanzar, hay que introducir novedades. A la preocupación por el cómo acceder hay que empezar a añadir estas otras: ¿qué significado tendrá ese acceso?, ¿qué consecuencias para el futuro de todos, hombres y mujeres, para el futuro de la sociedad? ¿Simplemente en el futuro habrá más mujeres en todas partes? ¿O el cambio femenino será un cambio cualitativo además de cuantitativo? ¿Podrá distinguirse la política feminista de izquierdas de la de la derecha cuando ésta ha acabado por incorporar a sus programas políticos el núcleo de unas reivindicaciones que fueron progresistas?

Es en el ámbito de la política donde las exigencias feministas se traducen en políticas públicas. Y es ahí donde hace falta que una opción de izquierdas sea innovadora. En estos momentos, la política feminista muestra dos objetivos claros: 1) aumentar la cantidad de mujeres entre la clase dirigente; 2) reivindicar el progreso en cuestiones tradicionalmente feministas: ley del aborto, formación para las mujeres, prestaciones sociales que descarguen del trabajo doméstico, etc. En resumen: una mayor cantidad de mujeres para resolver los problemas de las mujeres.

En el libro *The Politics of Presence*[42], la filósofa Anne Phillips habla de ese primer objetivo: más mujeres al poder, calificándolo de «política de la presencia». A su vez, examina los pros y los contras de la sustitución de la «política de ideas», que es la actual y la tradicional, por esa «política de la presencia». Se trata de un cambio que afectaría no sólo a las mujeres, sino, en general, a todos los sectores minoritarios o excluidos no ya del reparto de los bienes básicos, sino de la posibilidad de fijar criterios y tomar decisiones precisamente para realizar ese reparto.

El cambio significaría una innovación en el modo de entender la representación. En efecto, la política de ideas, movida por los partidos políticos que son la base de la democracia representativa, se basa en la presentación de un programa. El electorado no se fija tanto en quién le representa, sino en qué hacen sus representantes. Especialmente tiene que ocurrir así cuando el sistema electoral es de listas cerradas, como es nuestro caso. No son personas lo que se vota, sino programas. O ni siquiera programas: se votan partidos. Es un método más intelectual y menos afectivo. Un método quizá propio de una democracia más madura que la nuestra y, sobre todo, más prolífica en ideas e ideas nuevas. Llamar política de ideas a la política actual es, como poco, un eufemismo. Pues las plataformas ideológicas se caracterizan hoy precisamente por su sequedad ideológica. Los programas de los partidos son más abstractos que los textos de los filósofos. Se nutren de generalidades que hacen que todos parezcan el mismo. Es difícil pedir cuentas de algo que no llega a concretarse y tiene, sin embargo, el recurso o la excusa de la ambigüedad. Ahora bien, más allá de la esterilidad ideológica, es cierto que el sistema actual favorece la regla de las mayorías, con el peligro de que el sentir y pensar de las minorías —sea cual sea el número que las compone— quede siempre fuera de consideración en la toma de decisiones.

---

[42] Anne Phillips, *The Politics of Presence,* Oxford University Press, 1995.

Se trata de un sistema de representación obviamente injusto y parcial en tanto no exista una equidad real en las posibilidades de acceder al título de representante. Cuando varios sectores no se ven reflejados en la mayoría que sustenta la representación, es muy difícil que el sentimiento, percepción o experiencia «diferente» de tales sectores se vea representada y, en consecuencia, contemplada por los políticos electos. Tal es la razón por la que la insistencia en aumentar el número de mujeres en el poder parece plenamente justificada. Nadie puede hablar por otro si ese otro —otra, en nuestro caso— vive unos problemas y conflictos que sólo ella puede conocer o expresar por haberlos vivido. En definitiva, de no ser las mujeres las que se hubieran levantado para protestar y quejarse de su situación de dominadas, la emancipación de las mujeres no hubiera sido reivindicada nunca por nadie. Pocos fueron los hombres que lo vieron y lo hicieron a lo largo de la historia del pensamiento o de la política, e incluso en tales casos cabe manifestar serias dudas sobre la autenticidad de sus intenciones.

Sin embargo, y volviendo a Anne Phillips, la «política de la presencia» puede tener sus inconvenientes. Ella señala tres:

1) Una política dividida en sectores puede conducir a la balcanización, puede hacer inviable la cooperación intergrupal y llevar a la pérdida de la cohesión social.

2) Hacer la representación política dependiente de características de grupo mina las bases de la *accountability* o responsabilidad que obliga al representante del pueblo a responder de lo que hace. Se puede pedir cuentas de un programa, pero no de la presencia de unas mujeres que están ahí sólo por el hecho de ser mujeres.

3) La política de la presencia podría tener dificultades para atender cuestiones de interés común, dado que los intereses que los grupos defienden son, por definición, intereses sectoriales, no comunes.

Nadie pone en duda la necesidad de defender con más vigor y empeño a los grupos menos aventajados. En el caso de la mujer, sin embargo, y en países avanzados como el nuestro, donde se han quemado ya varias etapas en el camino hacia la emancipación de la mujer, hay que preguntarse si la lucha cuantitativa en favor de una mayor presencia numérica de mujeres es suficiente y satisfactoria. Si debe ir por ahí y sólo por ahí la política feminista. O si a las mujeres, que ya tenemos nuestra parte de poder, no nos correspondería empezar a liderar otras cosas. Liderar, por ejemplo, un cambio en la manera de hacer política: en los modos, en el lenguaje, en las prioridades. Las dudas de Anne Phillips sobre las consecuencias de una política de la presencia no deben obviarse. En realidad, lo que ponen de manifiesto es que la presencia mayor de mujeres ha de ser un medio para un fin, nunca un fin en sí. Es ya el momento, por tanto, de que empecemos a preguntarnos cuál es el fin a que debe aspirar ese medio.

Anne Phillips lo hace al proponer como complemento a una política de más mujeres el afianzamiento de la llamada *democracia comunicativa o deliberativa*. Hay que huir del esencialismo propio de los grupos cerrados, pero también hay que evitar exclusiones políticas. Para que no peligre la cohesión social ni los intereses comunes, para que sea posible dar cuenta de lo que se ha hecho, hay que partir de la base de que la democracia es un proceso de comunicación y deliberación donde nadie lleva la voz cantante ni nadie tiene, en principio, más razón que otro. La política es un procedimiento exploratorio cuyo fin es ir acercando posiciones y consensos convenientes para todos.

Si entendemos la política como un simple agregado de intereses, la regla de la mayoría es la única solución: los intereses dominantes son los que vencen. De lo que se trata, en cambio, en una política con clara voluntad de integrar a sectores excluidos, es de identificar áreas nuevas de interés común. El interés común no es algo que esté ahí fuera en espera de ser reconocido e identificado, sino algo que debemos ir descubriendo a través de un diálogo lo más democrático posible. Para ello hace falta que todos participen, que nadie quede fuera. Pero hace falta asimismo que esa participación se proponga una meta común: no barrer simplemente hacia dentro, no hacerse portavoz de los intereses exclusivos del grupo al que represento, sino descubrir los intereses comunes.

La política de la presencia es, así, más una condición y un punto de partida que un punto de llegada. La diferencia es condición necesaria para que la deliberación no sea pura fórmula. «La deliberación importa porque la diferencia existe», escribe Phillips. Importa y es imprescindible no sólo para ir acercando puntos de vista, sino para transformarlos: la función de la discusión —observa la misma autora citando a Iris Young— es «transformar las preferencias de la gente»[43]. Precisamente, lo que cabe resaltar de la presencia de la mujer en la política es que sea capaz de expresar otros problemas, que esté situada en puntos de vista distintos y no sea víctima del imperialismo cultural masculino. Pues «si las nuevas representantes no pueden expresar nada distinto de las políticas de partido existentes, su inclusión se convierte en meramente simbólica».

Ese imperialismo cultural del político varón es el que está definiendo una forma de hacer política plasmada en todas las dimensiones del discurso público. No hay que caer en catastrofismos poco o mal argumentados y afirmar que el modelo en su totalidad es malo y desechable. La democracia tiene disfunciones, pero también ha materializado un progreso. No todo debe tirarse por la borda. Entre otras razones, porque hay que partir de lo que hay para transformarlo: no es posible volver a empezar. Debemos conservar lo bueno adquirido, los valores que hemos ido trazando y descartar en cambio lo que no vale para afianzar la democracia, sino para deteriorarla, enrarecerla y restarle credibilidad.

Decía al principio que los objetivos del feminismo político son, en estos momentos, dos. Uno cuantitativo: más mujeres en el poder. Otro tradicional: reivindicar cuestiones de mujeres. Al primer punto me he referido ya de la mano

---

[43] Iris Young, «Justice and Communicative Democracy», en R. Gottlieb (ed.), *Tradition, Counter-Tradition, Politics: Dimensions of Radical Philosophy,* Philadelphia, 1994.

de Anne Phillips. Como ella, lo veo más como una condición que como un objetivo final. Lo que hace falta, pues, es avanzar en el segundo punto, el de los objetivos a medio y largo plazo.

Pero también este segundo objetivo ha sido hasta ahora demasiado monotemático: ha ido dirigido a mejorar la situación de la mujer en general, situación que, no hay que dejar de decirlo, aún necesita bastantes mejoras. Se trata, sin embargo, de un objetivo que, propuesto así, a pelo y abiertamente, tiene varios inconvenientes. Al hacerlo suyo, las mujeres acotan, sin proponérselo, su campo de acción y se ven excluidas de otros ámbitos y cometidos. Se las relega a un coto cerrado que, aparentemente, discurre aparte de problemas más generales. Aparentemente, porque no es cierto que los problemas relativos a la mujer sean problemas aparte. Deberían ser vistos como problemas de interés general. Dado, sin embargo, que no es así, que los problemas de mujeres no merecen tal consideración, es preciso que las mujeres dejen de hacer exclusivamente una política de emancipación feminista. Deben seguir haciéndola, pero indirectamente, metiéndose más de lleno en la política general y evitando dar la impresión de querer sustituir el imperialismo cultural masculino por un imperialismo cultural femenino. Es preciso que así sea, en primer lugar, como una cuestión de estrategia, para no verse encerradas en el gueto mujeril. Y, en segundo término, para que se extienda el convencimiento de que no hay problemas exclusivos ni de mujeres ni de hombres, sino que todos los problemas sociales relevantes convergen en las grandes cuestiones que hoy nos preocupan.

De tales cuestiones, una debería llamar la atención en estos momentos: la de evitar y mejorar todo aquello que está perjudicando a la democracia, que frena su desarrollo y que desprestigia a la política. La democracia debería centrarse en dos objetivos básicos: más *participación* y más *publicidad*. No tiene mucho sentido, ni merece mucha credibilidad, una democracia donde el único acto participativo es el de votar, e incluso ahí la abstención lleva trazas de no disminuir sino de ir aumentando. En cuanto a la publicidad, desde Kant sabemos que es la condición sin la cual toda decisión pública se hace sospechosa. Las decisiones democráticas deben ser públicas de verdad, deben tener publicidad, que es lo que determina, en definitiva, que sean democráticas.

Lo que digo puedo repetirlo con las palabras de una filósofa, poco querida por el feminismo, pero muy lúcida en sus análisis de la vida política. Me refiero a Hanna Arendt[44]. Lo específico de la vida pública, de la vida en común —dice la autora—, no es el trabajo —en su doble acepción de *labor* y *work: the labor of our body or the work of our hands*—, sino la acción, *vita activa* —o, sencillamente, *política*. La acción magnifica la vida humana, que no es sólo biología ni «fabricación», porque implica *pluralidad*. Es la acción de seres que «se reúnen y actúan concertadamente». En efecto, «la pluralidad es la condición de la acción humana, porque todos somos lo mismo, es decir, humanos, en el sentido de que nadie es nunca el mismo que cualquier otro que haya vivido, vive o vaya a vivir en el futuro». La pluralidad es la política de las diferencias aceptadas y compartidas.

Este poner en común las diferencias —femeninas u otras— es lo que la mujer debería conseguir de y en la política, rompiendo el imperialismo cultural masculino que la política está padeciendo. La mujer debería hacer coincidir la teoría feminista de la emancipación política con la teoría de la renovación o profundización en la democracia. Para ello, lo primero es señalar aquellos vicios que impiden que se dé el pluralismo en la política de nuestro tiempo. Es más fácil decir qué no está funcionando que indicar cuál debería ser el buen funcionamiento. ¿Qué impide que la participación y la publicidad sean, como debieran, constantes de la vida democrática? Sin ánimo de ser exhaustiva, creo posible señalar por lo menos tres rasgos fundamentales que, hoy por hoy, están siendo obstáculo de una mayor apertura y pluralidad

---

[44] Hanna Arendt, *La condición humana*, Barcelona, Paidós.

política. Son éstos: el «organizacionismo» de los partidos y organizaciones políticas, el formalismo y la media verdad. Veámoslos uno por uno.

El primero no es otra cosa que lo que hemos venido en llamar «partitocracia»: partidos convertidos en pura organización burocrática, con fines electorales y con tal acopio de rencillas internas que a sus dirigentes les resulta prácticamente imposible dedicarse a algo más que a mediar en sus querellas. El perderse en la organización, que es una forma de perderse en el mando, es algo inherente asimismo a la cultura masculina. Concomitante con el poco sentido de la realidad de que suele adolecer dicha cultura. No ocurre lo mismo con las mujeres, las cuales, por el contrario, siempre han sido víctimas de una cierta torpeza organizativa. Me refiero a las organizaciones burocráticas, como pueden serlo las mismas asociaciones de mujeres. No me refiero a la organización doméstica, en la que ellas son expertas. Lo que propongo al respecto no es, por supuesto, prescindir de una organización necesaria, pero sí trivializarla, abandonar esos «aparatos» que se muestran —erróneamente— como imprescindibles para la vida política. Pues de ahí deriva la disciplina impuesta a toda costa, el rechazo de la discrepancia, el grupo homogéneo y sin fisuras. Los partidos y los grupos políticos deberían ser más abiertos y más flexibles, más dispuestos a escuchar que a hablar. Sobre todo cuando es obvio que no tienen grandes cosas que decir.

El segundo defecto es el formalismo, quiero decir, el discurso hueco, esa habilidad que consiste en un puro hablar sin decir nada, en pergeñar discursos y parlamentos sin contenido alguno, en defenderse únicamente atacando sin proponer nada a cambio. El formalismo pone de manifiesto el vacío de propuestas y de ideas. Un vacío del que hay que culpar más a los varones por cuanto han sido ellos los que se han encargado de crear opinión, hacer doctrina, elaborar teorías y escribir tratados, pero que también sentimos las mujeres. La diferencia entre los unos y las otras, sin embargo, está en que a la mujer le cuesta más producir un discurso sin contenido. La mujer es más práctica —no le ha quedado otro remedio— y tiende a ir más directamente al grano, consigue, sin rodeos, llegar antes al mismo sitio. El discurso de la mujer es más concreto. Al estar más en contacto con la cotidianidad y con problemas que hay que resolver cada día y como sea, porque no pueden esperar, las mujeres practican una economía del lenguaje más a ras de suelo, pero también más eficaz. Cierto que todo ello deriva seguramente de la inseguridad que tiene la falta de poder. En público, la mujer se muestra discreta y comedida. El miedo al ridículo de quien no ha sido nunca escuchada ni tenida en cuenta, o de quien no siente ninguna afinidad con los discursos al uso, la lleva a medir más sus palabras y a pensar más en lo que dice. Pero esa reflexión, aun cuando sea fruto de la inseguridad, hoy está siendo más que necesaria.

Un aspecto concomitante al formalismo lingüístico es el exhibicionismo público inherente a la política. Hay un despilfarro del tiempo público, que el ciudadano advierte perfectamente y, en cambio, parece pasar inadvertido para el político. Creo que algo tiene que ver esa actitud y la ceguera respecto a ella con la dedicación profesional del varón. El hombre vive con menos esquizofrenia su vida profesional, siempre se ha identificado con su profesión y ha pensado poco o nada en repartir el tiempo entre la vida privada y la pública. Para ellos, lo público siempre es prioritario, pues de lo otro se ocupan sus mujeres. Y puesto que es prioritario, todo lo público está bien, no es preciso ahorrar tiempo en ese terreno. De ahí las reuniones interminables, la sucesión de actos inútiles y la necesidad de estarse exhibiendo a todas horas. Todo forma parte por igual de las obligaciones profesionales. Y, de nuevo, lo formal acaba anteponiéndose a lo sustantivo que debería ser lo esencial.

Finalmente, la opacidad se refugia hoy en la verdad a medias. La media verdad es un artificio utilizado desde antiguo por el dominador y el poderoso. Platón ya dice, en *Las Leyes,* que la legislación debe ir precedida de un preámbulo que trate de persuadir sobre la conveniencia de la ley. No importa —añade— que el alegato sea falso: será, en cualquier caso, «la mentira mejor empleada». Es cierto que, a veces, es legítimo mentir, o no decir toda la verdad. No obstante, el procedimiento ha llegado a ser tan habitual en política, que se ha ganado a pulso el descrédito de la política misma. No digo que las mujeres no sean tan proclives a la mentira y al engaño como los hombres. Pero es igualmente cierto que la mujer ha sido siempre la principal engañada en su relación con el hombre. Sea como sea, el poderoso tiene más facilidades para engañar que el subordinado o dominado. Por lo menos, al acceder al poder sería bueno pedirle a la mujer que no haga suyos los vicios que ese poder siempre ha tenido.

Los tres defectos señalados podrían resumirse en uno solo: *la arrogancia.* ¿Y quién negará que la arrogancia es un atributo típicamente masculino? El arrogante sabe que está por encima y, por lo tanto, no le importa engañar ni perderse en discursos formales y ampulosos pero vacíos, porque el otro, el que sólo escucha, en realidad, no es muy capaz de entenderlos. El arrogante crea organizaciones fuertes para protegerse en ellas. Y desdeña al otro hasta el punto de engañarlo y darle gato por liebre utilizando un lenguaje ambiguo, enigmático y críptico para que no se le entienda.

La arrogancia deriva de una profesionalidad mal llevada y mal entendida. Más aún cuando repetimos sin cesar que la política debería desprofesionalizarse. Desprofesionalizarse y penetrar en la ciudadanía a fin de que ésta se sienta más escuchada y con mayores ganas de participar, de representar el papel que le corresponde.

¿Por qué pienso que la mujer puede liderar ese cambio y erigirse en portavoz de una visión transformadora de la política? Porque, dado precisamente que aún contempla la política con cierta distancia, creo que tiene más condiciones objetivas que el varón para ver (con una mirada diferente) lo que hace falta y aportarlo. Hace falta que la mujer y los demás colectivos históricamente excluidos entren en la vida pública. Para lo cual es preciso asimismo que, desde lo público, se reconozca la importancia y el valor de lo que siempre fue privado y, por tanto, dominio femenino. Como ha escrito Hanna Pitkin: «Las mujeres deberían ser tan libres como los hombres para actuar públicamente; los hombres deberían ser tan libres como las mujeres para criar... Una vida confinada enteramente a menesteres personales y domésticos parece... absurda y pobre, y lo mismo ocurre con una vida tan pública o abstracta que ha perdido el contacto con las actividades prácticas y cotidianas que lo sustentan»[45].

Sólo el intercambio de papeles, la mezcla y el mutuo reconocimiento de los ámbitos que hasta ahora han permanecido separados como público y privado, conseguirán la revitalización de la política. La «ética del cuidado», propia de la vida privada, como se ha visto antes, puede ejercer una crítica poderosa a la arrogancia masculina, y ser el complemento, a su vez, de una justicia excesivamente abstraída de los problemas reales y cotidianos. La voz diferente de la mujer y de los demás discriminados puede enriquecer una interacción comunicativa que suele parecerse más al monólogo que a un auténtico diálogo.

Volvamos a fijarnos en la crisis laboral que nos atormenta a todos. Uno de los retos de esa crisis es el cambio en la concepción y el sentido del trabajo o de la ocupación profesional. Tendrá que haber una nueva distribución del trabajo. Lo cual significa una ordenación de la vida menos centrada en el trabajo y más repartida en otros menesteres, como el ocio y los asuntos domésticos y privados. Pues bien, si esto es así, la mujer tiene un papel importantísimo que realizar en ese orden nuevo. La forma en que la mujer ha accedido al trabajo, con sus limitaciones, sus reticencias, incluso sus inseguridades, parece que será el modelo generalizado del trabajo del futuro. A todos, hombres y mujeres, se les pedirá que repartan más su tiempo, que den menos importancia al trabajo productivo en favor del trabajo reproductivo. La propuesta, recordada hasta el aburrimiento en este libro, de una «ley de tiempos» tal vez empiece a hacerse realidad de la mano de la crisis laboral y de unas mujeres

---

[45] Hanna Pitkin, «Food and Freedom in *The Founder*», en *Political Theory*, 12, 1984, pág. 481.

conscientes de que el trabajo debe empezar a ser entendido de otra manera.

De nuevo aparece la necesidad de no distinguir ya más lo público y lo privado, que dejen de ser dos dominios diferenciados en cuanto al género y a la importancia social. La invasión, por parte de las mujeres, de la vida pública tiene que verse complementada por una invasión paralela, por parte de los hombres, de la vida privada. Sin cambio en la vida personal y doméstica no podrá haber cambios en la vida política, ha escrito Carole Pateman[46]. Hay que entender que lo privado es político o que lo político es impensable separado de la vida personal y doméstica. Una idea que tiene dos dimensiones[47]. La más obvia, y desarrollada por Pateman, es que los problemas de la vida privada —de las mujeres— son también problemas políticos. Pero no sólo porque las reivindicaciones femeninas hayan venido a ser un elemento desestabilizador de la sociedad y sus estructuras, sino, sobre todo, porque lo que la mujer libre reclama apunta a un determinado modelo de sociedad. Cuando la mujer exige guarderías para sus hijos o prestaciones por maternidad, está diciendo que no quiere renunciar a tener hijos, pero que quiere tenerlos en unas condiciones que no la discriminen. Cuando la mujer pide más formación para las mujeres sin trabajo, está pidiendo una igualdad de oportunidades más real. Cuando la mujer lucha por la despenalización del aborto, no está pidiendo abortar, sino ser ella quien decida mayormente si el aborto está justificado. Cuando la mujer solicita protección para las familias monoparentales, está diciendo que la familia cumple una función y no debe desaparecer, aunque tenga que revestirse de formas distintas. En suma, no atender políticamente a los problemas tradicio-

---

[46] Carole Pateman, «Críticas feministas a la dicotomía público/privado», en Carme Castells (comp.), *op. cit.,* págs. 31-52.

[47] Aun a riesgo de aburrir a quien haya leído los capítulos precedentes, me arriesgo a repetir aquí el sentido de la tesis de que lo privado es político, que no podía pasar por alto en este capítulo sobre la política de las mujeres.

nales de las mujeres o de la vida doméstica significa abandonar a la sociedad a un destino derivado sólo del egoísmo y la insolidaridad. Una sociedad en la que, por ejemplo, las mujeres se negarán, con razón, a seguir prestando los servicios que han venido prestando gratuitamente ellas solas durante siglos.

Ése es el primer sentido en que lo personal y doméstico tiene una dimensión política. Pero hay otro. La vida privada y la pública no pueden tener reglas y formas de vida radicalmente opuestas. No en una democracia. La cercanía entre las personas en la vida privada hace más fácil las relaciones, permite que haya menos reglas y más libertad, fomenta la cooperación y la participación en torno a problemas y proyectos comunes. En la vida privada —dice Michael Walzer[48]— no cabe el concepto de justicia, porque no es necesario. Es un valor público, no privado. Pero aunque así sea, aunque cada ámbito deba tener sus propios valores, también lo es que la vida pública —y la democracia con ella— se ha ido deshumanizando o atomizando hasta extremos incoherentes con los ideales que se persiguen y se buscan. En estos momentos, lo que se echa de menos en la vida pública es, precisamente, la incapacidad de unos y otros para cooperar en torno a unos proyectos comunes, o para convivir con una mínima dignidad y buen sentido. La hiperregulación a que se tiende es un síntoma de la falta de principios comunes. El resultado es una democracia decadente e insatisfactoria.

Antes me he referido a los rasgos sobresalientes de esa democracia masculinamente modelada. Corregirlos significa, de algún modo, introducir en la vida pública modelos y actitudes de la vida privada. El pragmatismo, la sinceridad y la transparencia, la desburocratización y la flexibilidad o apertura organizativa son maneras de hacer más familiares para la mujer. No desprenderse de esas formas al acceder a la vida pública es una forma de acercar lo público y lo pri-

---

[48] Michael Walzer, *Spheres of Justice,* Oxford, Blackwell, 1983.

vado y beneficiar, por tanto, a la política en general. No sólo porque se corregirían defectos ya inaguantables, sino porque es preciso que la forma de hacer política cambie si queremos que el trabajo productivo y el reproductivo se equiparen más de lo que están equiparados ahora. Hoy por hoy, por ejemplo, la dedicación política que exigen los cargos de responsabilidad es totalmente incompatible con una dedicación privada. A los hombres nunca les importó que así fuera porque la vida privada no les pertenecía ni les importaba. Pero si esa vida privada debe estar igualmente repartida entre hombres y mujeres, hay dos opciones: o bien las mujeres políticas renuncian también a tener vida privada, o bien los hombres la hacen suya y una y otra vida se reparten equitativamente. Ahora bien, ese reparto lleva necesariamente a una modificación de la política, pues la superprofesionalización es incompatible con cualquier forma de vida privada.

La mujer es víctima de una esquizofrenia: la que deriva de la necesidad de vivir en dos mundos que se rigen por normas y patrones opuestos. La dedicación a las personas y el cultivo de los sentimientos choca brutalmente con los imperativos de una vida despersonalizada y volcada hacia el exterior. El varón, salvo raras excepciones, no ha intentado hacer compatibles ambos mundos: ha prescindido del privado cuando le estorbaba demasiado para su dedicación profesional. Pero ambos mundos deben coexistir porque ambos son necesarios. Una vida profesional menos arrogante y pagada de sí misma, una política más modesta y más humilde, son condición imprescindible para que la vida pública sea compatible con la vida privada. Cuando ambos mundos se vean más mezclados, dejarán de existir problemas exclusivos de mujeres. Y la política ganará prestigio porque se humanizará.

Así, pues, volviendo al principio, una «política de la presencia» como estrategia feminista debe significar algo más que la presencia material de más mujeres en el poder, incluso en el alto poder, en los cargos de responsabilidad. Debería significar la presencia de una cultura, un hacer, no exactamente femenino, sino diverso, diferente, que haga más compatibles la vida privada y la pública a la vez que impregne a la vida pública de los valores de la vida privada. Es a lo que llamo «la otra gramática del poder».

Es más, si «la política de la presencia» no significa sólo presencia cuantitativa de mujeres —o de cualquier otro sector discriminado— podrán salvarse los inconvenientes que Anne Phillips considera en su libro, como intento explicar brevemente para acabar.

Primero, la presencia cualitativa, y no sólo cuantitativa, de la mujer en la política no puede desligarse de un programa y unos contenidos. No basta que en el programa general exista un capítulo dedicado a la necesidad —electoralista— de una presencia mayor de mujeres. Esa presencia se hará real en la medida en que las mujeres seamos capaces de liderar propuestas programáticas concretas en el sentido señalado a lo largo de estas páginas.

Segundo, la sectorialización se evitará en cuanto la mujer no acuda a la política con un lenguaje y un cúmulo de problemas erróneamente considerados como propios, sino con el empeño por hacer ver que lo que está en juego con la emancipación de la mujer es un cierto modelo de sociedad y unas cuestiones de interés común, como el futuro de la familia, de la natalidad, de la tercera edad, la concepción del trabajo o del estado de bienestar.

Finalmente, la temida balcanización no se producirá si conseguimos que se entienda la democracia como ese proceso de comunicación y deliberación en el cual las diferencias enriquecen en lugar de dividir y separar. Un elemento que está haciendo difícil esa concepción de la democracia es, precisamente, la política de partidos barriendo, cada uno de ellos, hacia dentro y con una incapacidad total y absoluta para ver algo distinto de los intereses del propio grupo. Mientras eso persista y no sea posible corregirlo, me temo mucho que la política no recuperará el descrédito que se ha ganado.

Apéndices

Dignidad y vocación de mujer[49]

El título de la Carta apostólica de Juan Pablo II no es malo: *Mulieris dignitatem.* «La dignidad de la mujer» es el punto de partida. Y en una buena porción del texto, de eso trata: de consolidar con fuentes bíblicas la igual dignidad de la mujer y el varón, por encima de todas las discriminaciones e inferioridades a que la historia ha condenado al género femenino. El Papa aborda con fuerza y convencimiento la causa de las mujeres que, aunque ya vieja, se encuentra todavía falta de muchos refuerzos teóricos y prácticos. No está mal, pues, que una religión tan extendida como la cristiana la apoye y haga suya con decisión.

Sin embargo, la tesis de la igualdad —o dignidad de los sexos— no es más que el pretexto para otra idea más que discutible. Igualdad, sí, pero con diferencias. Y diferencias tan esenciales como la igualdad misma, puesto que impedirán a la mujer acceder a formas de vida que se entienden como privativas de la masculinidad. Concretamente, la Iglesia que Juan Pablo II representa sigue negando a las mujeres el acceso a la vida sacerdotal. Las mujeres son iguales a los varones, ciertamente, pero no para ser sacerdotes —o sacer-

---

[49] Este artículo fue publicado en el libro editado por Maria Antonieta Macciocchi, *Le donne secondo Wojtyla,* Milán, Edizioni Paoline, 1992.

dotisas. ¿Por qué? Porque su *vocación* no va por ahí. A mi juicio, es el cruce de ambas categorías —dignidad y vocación de la mujer—, la necesidad de hacerlas compatibles, o, mejor, *el prejuicio de que exista una vocación específicamente femenina,* lo que enturbia y ensombrece el documento del Papa. Un documento que, por otra parte, y si fuera posible valorar al margen del aspecto señalado, debería ser celebrado por todas las mujeres que se plantean seriamente y sin frivolidades el reconocimiento de sus derechos.

Juan Pablo II se propone decir «la verdad» sobre el hombre y la mujer, decirla y legitimarla con el apoyo de los libros sagrados. La primera verdad —eterna verdad sobre el ser humano— es la *igualdad* esencial del hombre y la mujer desde el punto de vista de la humanidad. Las palabras del Génesis sobre la creación afirman que «Dios creó al ser humano a imagen suya», y «los creó macho y hembra». El Creador quiso que el ser humano existiera como mujer y como varón. Ambos fueron distinguidos por encima de cualquier otra criatura, y ambos fueron hechos a imagen y semejanza de Dios. Lo cual significa que tan persona es la mujer como el hombre. A los dos los amó Dios por sí mismos. Dicho en un lenguaje menos bíblico y más filosófico: tanto el hombre como la mujer —y a diferencia de los demás animales— son fines en sí mismos. Su valor o su dignidad supera a la de cualquier otro ser.

No sólo Dios crea a la mujer en igualdad de condiciones con el varón, sino que, en la historia de la salvación, a la mujer se le otorga un papel y una distinción especiales. Cristo nace de una mujer, la Virgen María, quien, según el dogma declarado en el Concilio de Éfeso, es la verdadera «madre de Dios», y no sólo madre del hombre Jesús. La unión de la mujer con el Padre y con el Hijo es más sustancial que la del hombre. La mujer representa, en esa unión, a toda la humanidad. La mujer es distinguida, escogida, «llena de gracia», «se encuentra en el corazón mismo del acontecimiento salvífico», reza el documento pontificio. Asimismo, Cristo, que viene al mundo cuando el oprobio de la mujer es ya ancestral, trata de reparar tal injusticia —una más de las injusticias protegidas por la ley mosaica—, con profusión de ejemplos. «Cristo fue ante sus contemporáneos el promotor de la verdadera dignidad de la mujer y de la vocación correspondiente a esa dignidad» —constata Juan Pablo II. Los textos evangélicos que lo confirman son conocidos, como lo son las mujeres que rodean a Cristo: la Samaritana, la viuda de Naím, la hija de Jairo, la hemorroísa, la Magdalena, Marta y María. Toda la actuación de Jesús es un reproche a cuanto ofende a la dignidad femenina, un reproche y una acusación directa a los hombres. No sólo las defiende de la discriminación, sino que las trata como iguales. Jesús gusta de estar con mujeres, disfruta de su compañía, y habla con ellas de cuestiones profundas e importantes. Son ellas las que están notoriamente presentes en el Calvario, y las primeras en llegar al Sepulcro. La gente —dice el Evangelio— «se sorprendía» ante la conducta de Cristo, porque trataba a las mujeres como nadie lo hacía. Entendía a las mujeres, y éstas le entendían.

Sin embargo —y de acuerdo con la *Mulieris dignitatem*—, esa igualdad fundamental no dice nada si no se afirma al mismo tiempo, desde la doctrina cristiana, cuál es el papel —la *vocación*— de la mujer, creada a imagen de Dios y creada, por tanto, con el fin de realizar plenamente su dignidad como persona. Esa vocación, en principio, no parece diferir con respecto a la del varón. Si una de las verdades del ser humano es su dignidad personal, la otra es su *vocación de entrega,* de unión con Dios y unión recíproca de los humanos entre sí. El amor, la comunión, la unidad ha de constituir a los humanos, los cuales están «llamados» a existir el uno para el otro, a encontrar la plenitud de su ser en la entrega. El pecado —el pecado original, esa ambición de «ser como Dios» y de decidir libremente el bien y el mal— viene a romper la unión de los humanos con Dios, así como la unión de los hombres y mujeres entre sí. La consecuencia es el dominio —«él te dominará»—, el rebajamiento de la dignidad del hombre y, más notoriamente, de la mujer. El mensaje divino irá dirigido, desde entonces, a la superación del mal y de la injusticia, a recuperar los derechos y la dignidad perdidos, a restituir la igualdad originaria. Restitución debida, sobre todo, a la mujer, que es quien más ha perdido y sufrido las consecuencias del pecado.

Ahora bien, recuperar la dignidad significa —insisto— *mantenerse fiel a la vocación de criatura divina*. Significa —dice el Papa— reivindicar la igualdad, pero una igualdad «diversa», no una igualdad que persiga la masculinización de la mujer. Pues el verdadero significado de los derechos de la mujer consiste en «la dignidad y vocación que resultan de la diversidad específica y de la originalidad personal del hombre y de la mujer». Es preciso que la mujer desarrolle los recursos de su diferencia femenina. La misma doctrina cristiana aporta datos suficientes que especifican y dan contenido a tal diferencia. En primer lugar, María, la madre de Cristo, es el modelo: «en María, Eva vuelve a descubrir cuál es la verdadera dignidad de la mujer, su humanidad femenina». La vida de María ejemplifica esa entrega a Dios y al Hijo que constituye la plenitud de la persona. En María, dicho de otra forma, confluyen misteriosamente las dos dimensiones que determinan la «esencia de la feminidad»: la *maternidad* y la *virginidad*. Ciertamente, sólo la mujer puede ser «madre». En el fenómeno que consiste en traer a la vida un nuevo ser, en la «apertura a una nueva vida», colaboran un hombre y una mujer, pero ésta tiene un papel mayor y más directo. No sólo porque la fisiología se lo exige, sino porque también su «sentir» es peculiar, más próximo al sentir del hijo. María es madre, en efecto, y simboliza esa unión con el hijo, pero también es virgen, sustancialmente es virgen, pues la virginidad es, propiamente, el ideal evangélico «en el que se realizan de modo especial tanto la dignidad como la vocación de la mujer». Notemos, sin embargo, que dicho ideal no es, en principio, específico de la mujer. Es también ideal masculino: la consagración personal, el don total de la vida a algo que trasciende al otro humano forma parte del mensaje más radical del Evangelio, dirigido a hombres y mujeres por igual: «déjalo todo y sígueme».

Hace falta ir a San Pablo, a la célebre y controvertida «Carta a los Efesios», para concluir que la verdad de la virginidad femenina difiere de la masculina, que las formas de realizarse la una y la otra no pueden ser las mismas. Porque es relativamente fácil y convincente afirmar que la maternidad ha sido y será, mientras la técnica no se entrometa demasiado, específicamente femenina. Ser madre es distinto de ser padre, sin duda esencialmente distinto. Que luego a la madre le corresponda, por naturaleza, sufrir más por los hijos que al padre —sufrir no sólo por los dolores del parto—, o que su papel sea más el de dar que el de recibir, es ya una cuestión menos clara y más discutible. Una cosa es lo que la maternidad y la paternidad han significado hasta ahora; otra, lo que deberían significar en el marco de una relación de justicia y de no discriminación. Pero con la virginidad es difícil establecer diferencias fundamentales fuera de un contexto ideológico o doctrinario que fije por decreto cuál es la forma de vida peculiar de la virginidad femenina. No obstante, el texto pontificio quiere detectar tales diferencias apoyándose, primero, en la «Carta a los Efesios» y, luego, en la tradición eclesiástica. En la Carta paulina se establece la famosa analogía entre el Esposo (Cristo) y la Esposa (Iglesia), de la cual se deduce que la Iglesia representa el papel femenino y Cristo el masculino, y que, además, *es función del hombre amar* y *de la mujer ser amada*. Así, aclara el Papa, «la mujer no puede encontrarse a sí misma si no es dando amor a los demás». Es cierto que, según el Concilio Vaticano II, el sacerdocio es universal, lo que quiere decir que todos, en la Iglesia, son sacerdotes. Es cierto, también, que todos los creyentes —hombres y mujeres— son Iglesia, todos, por tanto, deberían hacer suya la función de esposa. Pero aunque lo diga la teología, la tradición parece afirmar lo contrario poniendo vetos a ciertas formas de presencia de la mujer en la Iglesia. El mismo Cristo —recuerda Juan Pablo II— eligió como apóstoles a doce varones. Él, que tanto apreció y quiso a las mujeres, las excluyó de ese originario sacerdocio. Si así lo hizo es porque «de este modo deseaba expresar la relación entre el hombre y la mujer, entre lo que es femenino y lo que es masculino», querida por Dios, tanto en el misterio de la

115

creación como en el de la redención. En la historia judeo-cristiana, por su parte, abundan las «mujeres fuertes» cuyo mensaje y función difiere de la del sacerdote. *Ergo,* a las dos verdades de la dignidad de la mujer como persona y de su vocación de realizarse plenamente en la entrega a Dios o al otro, hay que añadir otra tercera verdad *inmutable:* la de que la función de la mujer en la Iglesia no es la del sacerdocio. Pese a los cambios de cada época, esto no puede ni debe cambiar.

Hasta aquí mi lectura de la *Mulieris dignitatem,* cuyos presupuestos teóricos comparto, sin poder compartir, en cambio, la conclusión del texto pontificio. Al contrario, la conclusión me parece infundadamente rotunda, es decir, dogmática. Por una razón básica. El Papa pretende dejar bien sentadas unas *verdades* sobre el hombre y la mujer, utilizando para hacerlo fuentes bíblicas. Pero, no todas esas verdades son del mismo estilo, si es lícito hablar así. Digamos que las verdades son cuatro: 1) la igual dignidad de los sexos; 2) la vocación humana de entrega y amor; 3) la plenitud de esa vocación como opción por la virginidad; 4) la realización de la virginidad femenina como distinta de la virginidad masculina. Las dos primeras verdades o ideales deberían serlo más allá del cristianismo, ideales asumidos por todos los humanos, no sólo en teoría —que quizá ya lo son—, sino en la práctica. La diferencia entre tales verdades, como verdades religiosas o laicas, radica no tanto en lo que proponen, en su contenido, como en la forma de fundamentarlo. La dimensión trascendente característica de la religión aporta a la afirmación de la dignidad personal y de la vocación del amor un fundamento que no tiene por qué ser compartido por quienes se sienten ajenos a la religión. Lo que no impide que el mensaje ético siga en pie y sea válido para todos. Para los creyentes tiene una explicación religiosa; para los no creyentes tendrá una explicación filosófica o, sencillamente, carecerá de explicación racional. A fin de cuentas, la ética es ella misma una creencia: la creencia de que todos los hombres formamos parte de una comunidad, con idénticos derechos individuales. La tercera

116

verdad —el ideal de la virginidad como forma especial y sublimada de entrega al otro— es ya sólo válida para los miembros de la Iglesia. Se trata de una vocación sin duda posible, pero no universalizable. Hablando en términos religiosos, una vocación «para los elegidos», para quienes quieren aceptar y hacer suyo el mensaje radical del Evangelio. Llegamos, así, a la última verdad, referida a la especial forma de vida que corresponde a la vocación de virginidad femenina. Un ideal que ni aun «los elegidos» aceptan unánimemente como tal. Discutir este último punto me forzaría a meterme en un terreno que desconozco y para el que me falta competencia. No obstante, como agnóstica que ha sido creyente durante bastantes años, conocedora, por tanto, de la doctrina y tradición cristiana, opino que las Iglesias están en su derecho de mantener sus ideales, sus utopías —como lo es la de la virginidad—, pero deberían evitar dogmas como éste, es decir, lecturas inflexibles de la propia doctrina. No constituye ningún beneficio para los creyentes —ni, por tanto, para la Iglesia— la adhesión a principios dogmáticos difíciles de entender y de adaptar al cambio de los tiempos. Los textos bíblicos son todos oscuros, propicios a interpretaciones varias. En cuanto a la tradición, no debería ser fundamento ni panacea de nada: la historia humana está llena de costumbres y tradiciones aberrantes desde el punto de vista de la ética.

Ahora bien, no me interesa tanto la lectura que de la carta pontificia pueda hacer un miembro de la Iglesia cristiana, como la lectura del laico. Porque pienso que el valor del cristianismo está precisamente en su capacidad de haber transmitido grandes ideales que, al lado —es cierto— de grandes errores, han configurado la civilización occidental. Y porque también creo que es bueno que tales ideales se conserven y sigan en pie mucho tiempo, no ya para asegurar la pervivencia de la religión cristiana, sino, sobre todo, para contribuir a remediar los males de nuestra civilización. Es esa lectura —lectura, además, de mujer— la que me hace celebrar mucho de lo que se dice en la *Mulieris dignitatem*. Porque se pronuncia con énfasis y con razones váli-

117

das a favor de la dignidad de la mujer, y porque nuestra época precisa de la insistencia en la vocación de la persona entendida como don y entrega al otro. Pero hay algo más. Si disiento de la conclusión del Papa sobre el sacerdocio de las mujeres, ello no me impide estar de acuerdo con la idea que, al parecer, avala tal conclusión: *la afirmación del singular papel de la mujer en la reconstrucción de un mundo, en general, más digno.* No creo en esencialismos. Al contrario, la naturaleza humana es básicamente cultura, historia. La virtud de la persona —eso que los griegos llamaron *areté* y que significaba la excelencia de una cosa— radica en el amor: sólo amando y entregándose la persona alcanza su plenitud. Y es cierto que en esa realización amorosa la mujer se ha manifestado, en general, de forma distinta al varón. Dando más que recibiendo. En cierto modo, estoy de acuerdo con el Papa. Pero de ahí no puede deducirse, ni siquiera para quien vive dentro de la Iglesia, que dicha diferencia femenina deba seguir manteniéndose por el procedimiento de excluir a las mujeres de esta o aquella función especial. Las diferencias han de ser constatadas, pues ahí están, son obvias. Y la reivindicación de la igualdad es absurda si la entendemos como reproducción de un modelo —el masculino— que, como modelo, deja mucho que desear. Exigir la igualdad como personas ha de equivaler a exigir la dignidad que nos corresponde. Y a ésta bien puede llamársele «vocación». Es decir, bien puede afirmarse que la vida humana —del hombre o de la mujer— está llamada a realizarse en la entrega y en el amor. La doctrina es magnífica, irrefutable. Incluso tiendo a pensar que la mujer, porque no ha protagonizado el curso de la historia como lo ha hecho el varón, ha desarrollado una forma especial de entrega y dedicación al otro, que debe ser conservada y transmitida. Para lo cual no es en absoluto imprescindible que se mantenga recluida en formas de vida diferentes de las tradicionalmente masculinas, como corrobora, sin embargo, el Papa. Al contrario, de lo que se trata, a mi juicio, es de que consiga universalizar esas actitudes, esa sensibilidad que ha desarrollado. Que logre transmitirlas en un medio compartido por hombres y mujeres en igualdad de condiciones —el trabajo, la familia, la política o la vida religiosa. No hay, ni debe haber, vocaciones o funciones específicas del hombre o de la mujer, la dignidad de uno y otro no puede radicar en esa especificidad. Hay actitudes y disposiciones distintas que dan lugar a valores complementarios.

Hoy que el movimiento feminista se encuentra desorientado, pienso que es bueno insistir en que la incorporación de la mujer a la vida pública debería llevar la marca de su especial «sensibilidad», como la llama Juan Pablo II. También yo creo que hay un «genio» de la mujer —desarrollado, sin duda, por necesidad, por la necesidad derivada de la dominación, pero «genio» al fin—, y es preciso que ese rasgo genial no sólo no se extinga, sino que se comunique y se contagie a todos los hombres. La vocación del amor es necesaria en nuestro mundo, donde el bienestar repercute en «una pérdida de sensibilidad por el hombre». «En este sentido —añade el Papa—, sobre todo el momento presente *espera la manifestación* de aquel "genio" de la mujer, que asegure en toda circunstancia la sensibilidad por el hombre, por el hecho de que es ser humano. Y porque "la mejor es la caridad".» Sin duda, el momento presente que se distingue por una progresiva aceptación de la democracia, pero también por una igual progresiva complacencia con las reglas del mercado, precisa de un ideal que instaure un nuevo *ethos:* un *ethos* del trabajo, de la política, de la comunicación, más radicalmente humano. El lugar privilegiado que se otorga hoy a la economía, el desarrollo sin norte de la técnica, amenazan con el olvido de lo que debería significar el ideal de humanidad. Ahí es donde el cristianismo puede decir aún bastantes cosas. Y también pueden decirlas las mujeres que se encuentran actuando en un mundo hecho no por ellas sino por los hombres. Pero para que esas cosas sean escuchadas y aprendidas, dentro y fuera de la Iglesia, conviene aceptar criterios más abiertos y situaciones más renovadoras. La vocación del amor, por supuesto, incluso la vocación del amor que se realiza en la virginidad para quienes así lo prefieran. No, en cambio, esa vocación limitada a las formas de realización tradicionales —sobre todo cuando los fundamentos para ello no parecen muy compartidos. Esa conclusión —posiblemente, la intención última de Juan Pablo II— ensombrece la validez de todo el mensaje. Y es una lástima.

Los peligros de la publicidad

Vemos la publicidad como una imposición detestable de la sociedad de consumo. Un mal necesario y, por lo visto, tremendamente influyente. Si no lo fuera, la competencia habría encontrado otras formas de expresión. Aburre el exceso de publicidad y tememos su poder de persuasión. Consumir tiene su atractivo, no lo neguemos, por mucho que nos parezcan edificantes las proclamas a favor de una mayor austeridad y en contra del despilfarro. Usar y tirar es cómodo, aunque perjudique al medio ambiente y nos inunde la basura. La publicidad da alas a ese modelo de persona hoy inevitable: el consumidor.

Dicen precisamente los publicitarios que las consumidoras natas son las mujeres. El 80% de las compras les corresponde a ellas. Basta darse un paseo por unos grandes almacenes para comprobarlo. La publicidad, en consecuencia, va dirigida a ellas. Más aún cuando un porcentaje grande de publicidad es el que se emite por televisión. Las amas de casa, es sabido, son, junto a los niños, las más teleadictas. Ésa es, pues, la audiencia que busca la publicidad: las mujeres en edad de comprar. Las jubiladas y pensionistas sobrepasan esa edad, no están en edad productiva: a la publicidad —y a la televisión en general—, no le interesan.

Creo que el pragmatismo que la mujer ha ido adquiriendo sólo por el hecho de tener que bregar con la cotidianidad más inmediata es una buena coraza contra los excesos y los engaños de la publicidad. Seguramente, las amas de casa no son tan fáciles de convencer de que cualquier producto es el mejor del mercado. Pero esas conjeturas no deben impedir que pensemos un poco en los supuestos peligros de la publicidad. ¿Por qué la tememos? ¿Realmente es una amenaza? ¿No deberíamos dejar de magnificar fenómenos que ya forman parte de nuestra realidad? Sea como sea, no me resisto a señalar algunas características que no está de más que tengamos en cuenta porque ayudan a valorar el fenómeno y, quizá, a colocarlo en su sitio.

1. La publicidad homogeneíza al consumidor, lo convierte en un prototipo. El fin de la publicidad no es informar: es vender un producto, por lo general, no imprescindible, una de las estrategias —fáciles— para ello es la reproducción de los modelos sociales más establecidos y aceptados, una forma cómoda y poco reflexiva de llegar al mayor número de posibles compradores. Decía que los consumidores más consagrados son las mujeres, los niños y los jóvenes. Ellos tienen que ser, pues, los protagonistas de los anuncios publicitarios, ya que son sus principales destinatarios. No lo son, en cambio, los pensionistas y jubilados, cuyo poder adquisitivo decrece con los años. Rara vez aparece un anciano en un anuncio. Los viejos no existen para el mundo del consumo.

2. Puesto que el objetivo de la publicidad es vender, su arma es la persuasión. Y la persuasión siempre echa mano del engaño. Para ser eficaz ha de ocultar, precisamente, sus fines persuasivos. Nadie persuadirá a nadie diciéndole a la cara: «déjame que te persuada». El filósofo del lenguaje John L. Austin lo explicó muy bien en su teoría sobre «cómo hacer cosas con palabras». Puesto que debe usar el engaño, la publicidad no teme dar una imagen falsa de la realidad. Su propósito no es hacer crónica social. Así, las mujeres, niños y jóvenes que se prodigan en los anuncios son todos sanos, guapos, altos, rubios y felices. Todos resuelven sus problemas comprando o comiendo algo. Consumir es el remedio mágico para las frustraciones. Ahí está el principal mensaje.

3. La publicidad confunde las necesidades. La culpa, por supuesto y aunque sea odioso decirlo así, no es de la publicidad misma sino del sistema: un sistema económico que produce en exceso, creando deseos y preferencias que se convierten en necesidades nuevas. Hace cincuenta años, ninguno de los aparatos electrónicos que hoy nos agobian era una necesidad en nuestro país. Ahora no sólo es necesario tenerlos, sino cambiarlos y sustituirlos constantemente. No es que no nos agrade este mundo, insisto, sin duda es amable, pero confunde el orden de las necesidades y nos desorienta. Lo que hace que celebremos cualquier innovación con una inevitable mezcla de sospecha y jolgorio.

4. La publicidad se alimenta de estereotipos. La sociedad cambia con más lentitud que la legislación. Y los individuos aislados cambian más deprisa que la sociedad en su conjunto. La publicidad pretende llegar al mayor número posible de gente y ha de utilizar las imágenes más mayoritarias, que son las más retrógradas y resistentes al cambio. Hoy, la imagen que de la mujer da la publicidad no satisface casi a ninguna mujer. A ninguna mujer le gusta identificarse con las imágenes que recibe de los anuncios. Aunque sea cierto que aún tienen que seguir comprando detergentes y compresas, y ocupándose de la merienda de los niños. Tampoco los hombres deben de sentirse satisfechos con las imágenes que los retratan. Especialmente cuando el anuncio, en un alarde heroico de condescendencia feminista, adjudica al hombre el papel de dar biberones y cambiar pañales. Quizá la cuestión no es que la publicidad haga uso del estereotipo: es que lo fabrica, convierte en estereotipo cualquier imagen al manosearla tanto. Su mismo carácter y finalidad la obligan a exagerar unos aspectos en perjuicio de otros.

Lo grave es que esa publicidad que se dirige a un solo tipo de consumidor, que es retrógrada, que tiene a la persuasión como fin, que crea necesidades vanas, consigue lo que se propone, que es vender. Y sospechamos que no sólo consigue vender —eso está demostrado—, sino, seguramente, consagrar estereotipos. La naturaleza humana es como es:

123

contradictoria, débil de voluntad, *akrática*. Así, ve y compra lo que en realidad no querría ver ni comprar. Por esta razón, las leyes tienen que acudir en su auxilio y establecer unos límites a la publicidad, que ella sola o el mercado no son capaces de imponerle. Voy a referirme brevemente, a modo de ilustración de lo que vengo diciendo, a la Ley general de publicidad y a la Directiva europea sobre el ejercicio de las actividades de radiodifusión televisiva, recientemente aprobada y adaptada a la legislación española.

La Ley general de publicidad, en su Título III, se refiere a la «publicidad ilícita» como «aquella publicidad que atenta contra la dignidad de la persona o vulnera los valores y derechos reconocidos por la Constitución, especialmente en lo que se refiere a la infancia, la juventud y la mujer». Especifica luego qué debe entenderse por ciertos tipos de publicidad ilícita, como la publicidad «engañosa», «subliminal», y otras. La ley no especifica más, ni debe hacerlo: la referencia a la dignidad de la persona, y de la mujer, debiera sobrar. No es posible, en efecto, definir con precisión y de una vez por todas lo que signifique la dignidad ni de la mujer ni de la persona. Durante muchos siglos, la dignidad de la mujer no ha sido ni siquiera una cuestión de derechos. Ahora lo es, pero decidir cuáles son los límites o los contenidos de tal dignidad no es sencillo ni reducible a una lista de contenidos o a una fórmula fácilmente aplicable. Las costumbres y los usos cambian. No hay unanimidad sobre ello. Conceptos como dignidad, autoestima, intimidad, no es que sean conceptos vacíos, pero son conceptos cuyo contenido lo van dando, precisamente, las ideas que marcan avances sociales, la jurisprudencia que va concretando la aplicación de los principios legales.

La Directiva europea sobre radiodifusión televisiva, aprobada por el Parlamento español y adaptada a nuestra legislación, atiende tanto al problema específico de la dignidad de la mujer, como al deseo del telespectador de no verse inevitablemente agobiado por una publicidad interminable, que satura los canales y contribuye a degradar sus contenidos. El Capítulo III de la Directiva en cuestión es

124

más explícito que la Ley general de publicidad, pues determina qué debe entenderse por «publicidad ilícita»: la que fomente comportamientos perjudiciales para la salud o seguridad de las personas, para la protección del medio ambiente, la que atente contra el respeto debido a la dignidad humana o a las convicciones religiosas o políticas, la discriminatoria por motivos de sexo, raza, religión, nacionalidad, opinión o cualquier otra circunstancia personal o social, la que incite a la violencia o a comportamientos antisociales, la que apele al miedo o a la superstición o fomente abusos, imprudencias o conductas agresivas. También es ilícita la publicidad que incita al maltrato de personas o animales, o a la destrucción de bienes culturales o naturales. Además de especificar esta larga lista de rasgos que no debe tener la publicidad televisiva, la Directiva limita el tiempo de publicidad en televisión —nueve minutos por película—, limita las interrupciones por publicidad en determinados programas, así como el tipo y la cantidad de publicidad en los programas infantiles, o en horarios infantiles. El Capítulo IV de la misma Directiva se refiere exclusivamente a la protección de los menores frente a la publicidad o a programas televisivos que puedan perjudicarlos moral o físicamente. Sin duda, la citada ley es un ejemplo de avance en el sentido de poner límites a algo que, en muchos casos, es interpretado como derecho a la libertad de creación. La libertad es buena siempre y cuando no perjudique a nadie. Tanto la Ley general de publicidad como la Directiva europea tratan de reducir el uso de la publicidad que puede calificarse objetivamente como abusivo.

Legislación no falta. Otra cosa es que se cumpla. El caso es que, pese a la abundancia de leyes, la publicidad no mejora. Siguen las críticas y el cansancio ante la cantidad de anuncios y por la calidad de bastantes de ellos. Entendiendo por calidad no sólo lo que podríamos llamar «publicidad bien hecha» —no es mala artística y técnicamente la publicidad en España—, sino la publicidad de buen gusto, inofensiva en cuanto a sus contenidos y mensajes. Está visto que para conseguir esta calidad, la legislación es insuficiente. Creo que hay dos razones que lo explican.

La primera es que la ley, porque es general, tiene que ser ambigua; está sujeta a aplicaciones distintas según sea la sensibilidad de los demandantes o de los jueces. Ocurre aquí lo mismo que ocurre con la ley de protección del honor y la intimidad de la persona. Los criterios de lo que hoy deba entenderse por honor o intimidad dependen —dice la misma ley— de los «usos y costumbres sociales» y de «los juicios de las personas» que integran la sociedad. Es más, la defensa del honor y la intimidad tiene una excepción en el «interés público», otro concepto sin fronteras claras. ¿Quién determina, en una época en que todo se mercantiliza, qué debe ser realmente de interés público? Más fácil es perseguir la publicidad engañosa, claramente perjudicial para la salud, por ejemplo. Pero con respecto a la publicidad que perjudica a la imagen de la persona —sea la mujer, el hombre, la infancia, la familia, o cualquier actividad profesional—, o que es retrógrada con respecto a las formas de vida que quisiéramos, es más complejo indicar criterios objetivables.

En segundo lugar, y como consecuencia de la reserva anterior, la ley sirve de poco si no hay, al mismo tiempo, voluntad de autocontrol. La defensa de la dignidad de la mujer es algo relativamente reciente. Las mentalidades y los mensajes sociales son subsidiarios todavía —incluso en mujeres feministas y avanzadas— de estereotipos que impiden tomar conciencia de la degradación de ciertas imágenes de la mujer. La tendencia a pasarse y a incurrir en la obsesión de lo «políticamente correcto» es una ridiculez que tiene poco que ver con las condiciones de la autoestima. No todas las diferencias lingüísticas son discriminatorias y ofensivas. Sustituyendo «viejos» por «tercera edad», «negros» por «afroamericanos», «tontos» por «subnormales», se consigue poco. Pues los términos correctores de los supuestos agravios, acaban siendo de inmediato tan despectivos como los anteriores y necesitan, de nuevo, otro cambio. Es lo que ha ocurrido con «subnormal» o «tercera edad»: rizando el rizo, ahora decimos «deficientes» y «gente mayor».

Así, tanto la falta de conciencia generalizada, como la

tendencia a hacer del lenguaje el único objetivo de la transformación social, exigen, como decía, voluntad de autocontrol, sobre uno mismo y sobre los demás. Exigencia que, en parte, se pone de manifiesto en la elaboración de códigos deontológicos para las distintas profesiones. La virtud de un código consensuado es poner sobre el papel unos principios reconocidos como válidos y una decisión de respetarlos en la práctica. Los códigos no suelen caracterizarse por su eficacia. Si la ley es vaga y ambigua, lo son aún más los códigos. Tienen, sin embargo, una ventaja sobre la ley: son autoimpuestos, es lo que distingue a la ley moral de la ley positiva. Esa autoimposición es más fácilmente violada o transgredida, porque no hay penalización, pero ayuda a crear opinión y a tomar conciencia de determinados peligros. En cualquier caso, el autocontrol de los códigos debe ser visto como una ayuda para la aplicación de la ley.

No debería deducirse de todo lo dicho que son los profesionales de la publicidad los que debieran ver que les concierne el asunto de una publicidad ilícita o de dudosa calidad. La publicidad, como un elemento más de la economía de consumo, es una estrategia imprescindible, pero reconozcamos que no deja de tener peligros. Puede tener objetivos muy buenos, otros indiferentes, y otros nocivos. Las imágenes y mensajes que emite pueden contribuir a crear sociedad, incluso a formar a las personas, y pueden contribuir a su deformación. Todos tenemos en la cabeza anuncios institucionales que no sólo han conseguido efectos positivos verificables a corto plazo —todas las campañas preventivas, por ejemplo—, sino que están técnica o artísticamente muy bien hechos. Vivimos, sin duda, en una economía de mercado que no se desarrolla ni progresa sin el *marketing* adecuado. Es triste que cualquier actividad —desde la política hasta el arte— se mercantilice. Pero, puesto que una cierta mercantilización, por lo menos, es inevitable, en lugar de rasgarnos las vestiduras y alarmarnos por cualquier cosa, quizá sería más eficaz aprender a aprovechar las ventajas de la publicidad para vender lo que vale la pena vender. Vender cultura o vender valores. ¿Por qué tantos remilgos y miedo a las ideologías y tanta transigencia, en cambio, frente a las mil majaderías que los productores nos obligan a comprar?

No sólo los publicitarios, también los poderes públicos y la llamada sociedad civil han de estar alertas y adquirir el ojo crítico necesario para no dejarse llevar por la inercia publicitaria. El liberalismo es una doctrina hueca si no hay, por parte de los ciudadanos liberales, la voluntad de no dejarse arrastrar por el viento que sopla más fuerte. También ahí la mujer, como publicitaria, como política o como consumista, puede decir mucho e interesante. No sólo denunciando la publicidad machista, que ya se hace y ya tenemos a los publicitarios bastante mentalizados al respecto. Sobre todo, ayudando a que el interés común no se identifique automáticamente con lo económicamente rentable.

Feminismo y calidad de vida

El feminismo ya no tiene un discurso interesante para las mismas mujeres. La razón está al alcance de la mano: en las sociedades avanzadas, ninguna mujer —y casi ningún varón— duda, a estas alturas, de que tiene unos derechos fundamentales que deben ser públicamente garantizados y respetados individualmente. No hace falta repetir que somos iguales: ya es lección aprendida por las mujeres y por las instituciones de las sociedades avanzadas. En el año 1946 se constituye la Comisión de la Condición Jurídica y Social de la Mujer de la ONU, una de cuyas misiones es la elaboración de una serie de documentos que hacen pública declaración de los derechos políticos y sociales de la mujer. Hay que hacerlo así puesto que no basta, de hecho, la genérica Declaración de Derechos del Hombre. Hace falta una declaración más específica que ponga abiertamente de manifiesto la igualdad fundamental de la mujer con respecto al hombre. Darla por supuesta, como había venido ocurriendo desde las primeras declaraciones de derechos, es a todas luces insuficiente.

Llamar la atención sobre unos derechos «sectoriales», reconocidos sólo en teoría, es un procedimiento que no ha dado malos resultados. Las declaraciones de principios nunca sobran. Por lo menos, son molestas. No han sido sólo las mujeres las afectadas: también ha habido que hacer proclamaciones especiales sobre los derechos del niño o convenios contra la discriminación racial. Ha sido preciso recordar las vejaciones a que están sometidos sectores concretos de sociedades que teóricamente reconocen los derechos fundamentales. Es la única forma de desarrollar esa Declaración universal que constituye el marco ético de la función jurídica. Es también el modo de sensibilizar las conciencias a favor de un cambio en las formas de vida y en las relaciones personales.

Dado este primer paso, de reconocimiento formal de la igualdad entre el hombre y la mujer, aceptada ya la igualdad jurídica, llega el momento en que la mujer ha de empezar a actuar en los diferentes ámbitos en que le es dado hacerlo, que, teóricamente, son todos. El ámbito femenino ya no es exclusivamente el familiar, el del marido y los hijos: le pertenecen ya la casi totalidad de ámbitos profesionales. Aunque la feminización ha sido más lenta en unas profesiones que en otras, en estos momentos y —repito— en el mundo desarrollado, la mujer tiene acceso a donde se le antoje. Por eso debe empezar a actuar. Empezar a actuar significa poner de manifiesto la presencia femenina, no sólo cuantitativamente que, en bastantes espacios, ya lo es, sino, sobre todo, *cualitativamente*. La entrada masiva de las mujeres en las distintas profesiones debería producir cambios significativos tanto en la vida privada y particular de las mujeres, como en el conjunto de la sociedad, de la vida cotidiana y profesional.

Algunos de estos cambios se han producido ya y son evidentes: el mercado laboral es mucho más competitivo desde que el casi 50% de la población, que antes no competía por un puesto de trabajo, ahora lo hace. Los modelos de familia están transformándose por la negativa de las mujeres a seguir cargando con todo el peso del trabajo familiar: menos hijos, más divorcios, familias monoparentales, o trabajo más compartido. Las instituciones democráticas empiezan a someterse al sistema de cuotas que obliga a contar con las mujeres para la toma de decisiones políticas, la única forma eficaz de conseguir que las mujeres manejen también alguno de los hilos del poder y no sigan siendo sólo manejadas, a pesar de formar parte de él. El estado de bienestar ha favorecido especialmente a las mujeres descargándolas, en parte, de unas obligaciones tan poco reconocidas públicamente como socialmente necesarias: cuidar de los hijos, de los ancianos, de los enfermos, gestionar la vida familiar.

Varias generaciones de mujeres han sido las agentes e impulsoras de un cambio reconocido como la mayor revolución del siglo xx. Sus hijas son las primeras beneficiarias del cambio y, lógicamente, ya no son revolucionarias: han sido educadas en una igualdad que, aunque con deficiencias y errores, se ha ido abriendo paso. Tienen la ventaja, y el inconveniente, de no haber tenido que luchar contra un mundo masculino hostil o indiferente a la igualdad entre los sexos. La desigualdad que sufren las generaciones jóvenes es más sutil, una cuestión de grado: de aparentes pequeñeces aún no resueltas porque su solución no depende tanto de medidas políticas o legislativas, cuanto de la voluntad compartida de que las cosas sean de otro modo.

A esto hay que añadir el tedio de jóvenes y menos jóvenes ante un discurso feminista reiterativo y con estereotipos muy poco estéticos. Las generaciones que han sido protagonistas de los cambios más sustanciales empiezan a hartarse de oírse a sí mismas y de repetir cosas que nadie quiere oír (ni siquiera las mujeres). A las recién llegadas el feminismo les merece la misma opinión que la política: pasan, no les concierne. No lo entienden ni quieren hacer el esfuerzo de entenderlo. No va con ellas. Se lo encontraron hecho y es una herencia por la que no hay que luchar, o cuya lucha les atrae poquísimo. Saben, sin duda, que su situación no es del todo satisfactoria. Incluso están dispuestas a protestar en privado por ello. Pero en lugar de unirse para seguir luchando, prefieren sacrificar algo de lo que siempre fue obvio: la maternidad, la familia, o el trabajo. Eso depende de los gustos o apetencias de unas y otras.

El feminismo, junto a otros movimientos sociales, ha sido el impulso renovador de unas democracias a las que se les iban acabando las ideas. Y, al cabo de los años, le ha ocurrido lo mismo que al movimiento ecologista: el feminismo ya no es una política aislada o aislable de las otras políticas democráticas. Ningún partido que se precie de demócrata puede prescindir en sus programas de propuestas que favorezcan a las mujeres. Lo cual quizá no sea el mejor camino para la innovación cualitativa a la que me refería más arriba. Las ayudas, los beneficios, la protección que la política puede ejercer sobre las mujeres sigue siendo mayormente cuantitativa, no cualitativa: más guarderías, más residencias de ancianos, más formación, cuotas de participación más altas.

En esta vuelta de siglo, el peligro de rutinización o, mucho peor, de retroceso, no es desdeñable. Los periodos de cambio radical pueden ser complicados, pero están llenos de contenido: contenidos nuevos que apuntan a una realidad distinta de la conocida. La positivización jurídica de los derechos de las mujeres ha hecho ya su recorrido. En las sociedades avanzadas, es difícil romper el pacto por la igualdad de la mujer. Pero precisamente porque ese pacto ya se da por supuesto, se corre el peligro de entender que la tarea ya está realizada, las reivindicaciones conseguidas, los objetivos cumplidos. Cuando, por el contrario, sabemos muy bien que el pacto no es suficiente, que la igualdad no está del todo lograda, que la cuestión no está ni mucho menos normalizada.

¿Qué es lo que queda por hacer y cómo hacerlo? ¿Por qué no vamos más deprisa en el acceso de las mujeres no ya a las distintas profesiones sino, dentro de cada una de ellas, a los puestos de mayor responsabilidad? ¿Por qué todavía tiene que haber odiosas «acciones positivas», como las cuotas de participación en el poder político? No hay que engañarse. Las declaraciones de principio, las leyes, no cambian las mentalidades ni operan esa transformación de las relaciones y estructuras sociales imprescindible para que el cambio sea satisfactorio. Una sociedad con mujeres activas y presentes dondequiera que se tomen decisiones debiera ser una sociedad distinta de la que conocemos. Distinta ¿en qué sentido? Eso es lo que no sabemos. Pero podríamos intentar prever y prefigurar. Puede ser una sociedad distinta por el hecho de que la natalidad disminuya mucho más aún de lo que lo ha hecho hasta ahora, porque desaparezca completamente la familia nuclear, porque sean cada vez más numerosos los ancianos que se mueren de tristeza y soledad porque nadie tiene tiempo para ellos. Puede ser una sociedad en la que se generalice el modo de vida masculino, volcado hacia la profesionalidad y sin tiempo para otras cosas. Pero también puede ser una sociedad donde el tiempo se reparta mejor que lo hemos venido haciendo hasta ahora, donde triunfe la racionalidad de hacerlo todo entre todos y no unilateralmente. Podría ser, en tal caso, una sociedad más estructurada que la que tenemos, con modos de vida más humanizados familiar, profesional, política o socialmente.

Para que esto último ocurra, no basta con el propósito de compartir más equitativamente el trabajo doméstico, que es la lucha en la que ahora nos encontramos. Es preciso también reformar la dedicación profesional y hacerla menos absorbente. El tipo de sociedad que hemos diseñado y en el que estamos, donde se excluye del mundo laboral a jóvenes y viejos, donde los privilegiados que cuentan con un trabajo estable tienen más trabajo del que quisieran y pueden llevar a cabo, es no sólo totalmente irracional e injusto, sino cada vez más insostenible. La tan frecuentemente mentada y ponderada «calidad de vida» es sólo el nombre para referirnos a los fallos más estridentes de la falsamente llamada «sociedad de bienestar»: mientras a unos les falta tiempo para dedicarse a sí mismos porque les sobra trabajo, otros están parados y se ven forzados a malgastar el tiempo que les sobra. De poco sirve reclamar derechos si luego no sabemos repartirnos bien los deberes. Y para que ese reparto sea posible, tenemos que ser todos mucho más polivalentes y flexibles, más disponibles para lo que, extrañamente, es fundamental que hagamos y, sin embargo, carece de valor reconocido. No pienso sólo en la crianza de los hijos o en la administración de la economía familiar: pienso, por ejemplo, en la formación permanente, cada vez más necesaria en este mundo tan tecnificado.

Por ahí debería ir el discurso feminista del futuro. Reivindicaciones, sí, pero no las de antaño. Queremos más igualdad, y para conseguirla, hay que cambiar muchas cosas aparentemente lejanas a la reivindicación de la igualdad. Un tiempo de trabajo más flexible para todos, unas estructuras urbanas más adaptadas a las necesidades de la vida privada, una menor acumulación de responsabilidades en manos de unos pocos. Hay que exigir que todo esté al servicio no tanto de una profesión excluyente de todo lo demás como de la persona que tiene que hacer compatibles tareas muy diversas. Tal vez no podamos diseñar *a priori* la sociedad ideal para todos, pero sí somos capaces de saber qué aspectos de nuestro mundo deberían evitarse e intentar cambiar de rumbo. Los avances de la técnica deberían hacer posibles formas de vida con menos estrés y crispación, con más tiempo para la dedicación a todo lo que, en definitiva, pueda humanizarnos.

Mujeres con atributos[50]

Las mujeres constituyen —decimos— un colectivo. Por encima de las diferencias que se dan, obviamente, entre una y otra, está la diferencia genérica que las une a todas. Esa diferencia explica que se hagan diccionarios de mujeres notables. Explica que un diccionario de mujeres notables no se ajuste a los mismos criterios que seguiría un diccionario de hombres también notables. Éste no sería, de entrada, un diccionario *de hombres:* sería un diccionario de historiadores, de políticos, de científicos, de inventores o de héroes de guerra. Nunca sólo de hombres que hayan destacado por esto o aquello. Se da por supuesto que son ellos los que sobresalen. El género no los distingue para nada: lo que son viene caracterizado y señalado por lo que hacen.

Con las mujeres ha sido distinto. Y sigue siéndolo, huelga repetirlo y explicarlo. Estamos, aún, en etapas muy previas: hacemos diccionarios de mujeres porque el mérito es sobresalir entre ellas, a pesar de ser una de ellas o por el hecho de serlo. Una mujer que ha sido santa, escritora, reina, actriz, prostituta o, incluso, mujer objeto, cualquier cosa, pero de renombre, es decir, influyente o espectacular, es acreedora de una proyección pública y de una cierta inmor-

---

[50] Prólogo al *Diccionario de mujeres célebres,* Madrid, Espasa-Calpe, 1994.

135

talidad. Un diccionario de mujeres ilustres es una prueba más del habitual apartamiento de la mujer a tareas que no suscitan ningún interés social o cultural. Una prueba también de que las mujeres han tenido que reconocer lo que las hace similares como primera medida para poder presentarse como individualidades separadas.

Pero esta segunda fase es aún tan incipiente que apenas se nota. Un diccionario como éste no lo constata. Muy al contrario, pone de manifiesto dos circunstancias que concurren en el acceso de las mujeres a la notoriedad. La primera ya la he dicho: las mujeres que aquí aparecen son mujeres y famosas, ambas cosas a la vez. No son famosas como individuos; lo son como mujeres. Por otra parte, el diccionario pone de manifiesto que la fama les viene a las mujeres por circunstancias y logros muy dispares, poco homologables con los correspondientes masculinos. Así, Carmen Martín Gaite o Cristina Alberdi comparten la celebridad con Tita Cervera e Isabel Preysler. No es algo peculiar de este país. También Diana de Gales se codea con Virginia Woolf. La mujer hoy destaca tanto por ser una buena escritora, actriz o política, como por tener un marido mecenas o una serie de divorcios de hombres públicos y célebres en su haber. Aquello de que «detrás de todo gran hombre hay una mujer» sigue valiendo, si no como prueba de la liberación de la mujer, por lo menos como ejemplo de una de sus funciones más específicas y apreciables.

Ambas características, el hecho de que lo excepcional y meritorio en la mujer sea hacer algo dada su triste condición de mujer, y el hecho de que ese hacer algo pueda consistir sencillamente en cumplir correcta o extravagantemente la función de «señora», indican que la diferencia discriminatoria no se amortigua y que la igualdad aún queda lejos. No podremos decir que somos iguales mientras no se cumplan, por lo menos, un par de objetivos.

El día en que no necesitemos distinguir entre hombres y mujeres profesionales podremos afirmar también que la igualdad de los sexos es una realidad. Mientras hagan falta cuotas de participación para que las mujeres ocupen espacios de responsabilidad, mientras exista la obsesión por lo políticamente correcto —que no hace sino acallar la mala conciencia de quienes durante mucho tiempo han ignorado que hablaban en nombre de los dos géneros cuando pensaban sólo en uno de ellos—, seguiremos fabricando diccionarios y antologías de mujeres que han destacado no tanto por ser esto o lo otro como por el hecho de ser algo siendo mujeres. Hasta ahora, y en los países civilizados —en los otros, ni siquiera se ha llegado a tal extremo—, las mujeres no consiguen ser mucho más que la garantía democrática de las decisiones y el poder masculino. «Reconocemos tu preparación y sabemos que tienes talento —vienen a decirnos—, pero es que, además, eres mujer y eso ahora es lo que vale.» Saber contar con algunas mujeres, las imprescindibles, es el sello legitimador de cualquier demócrata y progresista que se precie de serlo.

Por eso tienen que seguir editándose diccionarios como éste. Como prueba de que la discriminación sigue actuando y cuesta mucho superarla: Pretenden ser otra cosa: pretenden ser la muestra de que también ha habido y hay mujeres valiosas, y ahí están todas con sus *curricula* que nada tienen que envidiar a sus colegas masculinos. Pero esa jactancia sólo se materializa haciendo catálogos «de género», esa expresión ambiguamente acariciada por los discursos feministas. En el fondo, todas las mujeres que aquí se encuentran valen, en efecto, porque son «mujeres con atributos», pero ante todo mujeres. El atributo y el género que lo sustenta, en este caso, no son desligables.

Si lo primero que hay conseguir es que desaparezca la mujer como colectivo, el segundo objetivo es complementario del primero. La extraña mezcla que exhibe un diccionario de mujeres famosas, una proporción no despreciable de las cuales la forman las famosas consortes —señoras de un hombre famoso— no es más que la expresión de un reparto de funciones descompensado. Otro paso hacia la igualdad, tan definitivo como el anterior, se habrá dado cuando existan, paralelamente y en la misma medida, *los* notables consortes. Cuando ningún señor se sienta disminuido por el hecho de ser él quien sigue a su mujer y no al revés. Un objetivo igualmente utópico, hoy por hoy, mientras la estructura familiar siga siendo la que es y la «división» del trabajo doméstico sea un mero eufemismo.

No debe haber una sola forma de emancipación de la mujer, lejos de mi intención está defender lo contrario. Ni siquiera debe ser obligatorio emanciparse si una no lo desea y prefiere vivir sujeta a las servidumbres familiares de toda la vida a someterse a otras servidumbres teóricamente más dignas. Lo único que hay que exigir hasta conseguirlo es que la opción entre distintas sujeciones le sea dada a cualquier mujer del mismo modo que le es dada a un varón.

La mujer es diferente todavía, sin duda. Y esa diferencia es una carga que la distancia y la separa de los que se saben iguales. Esa diferencia la obliga a reconocerse como miembro de un grupo que, si bien ha sido el cauce que ha canalizado y exteriorizado su descontento, la mantiene ahora cautiva de lo que la unifica y no de lo que la distingue. La mujer vive el malestar de la dualidad entre el ser persona y el ser mujer, el malestar de tener que desplazarse de continuo de la una a la otra, o de tener que renunciar a ser una cosa para seguir siendo la otra. Lo cual significa que carece de una subjetividad autónoma y diferenciada, incluso cuando tiene entrada en diccionarios de notables. El ejercicio de la autonomía requiere unas condiciones más sutiles y, en el fondo, más superficiales, que el acceso formal a una educación, al mercado de trabajo o a la vida pública.

Índice

Colección feminismos

DE PRÓXIMA APARICIÓN

Si Aristóteles levantara la cabeza, María Ángeles Durán.